STEP 4

중2
| 기본편 |

내 신 필 수 어 휘 정 복 7 단 계 프 로 젝 트

WORD SCIENCE

PAGODA Books

STEP 4

내신 필수 어휘 정복 7단계 프로젝트

WORDSCIENCE

초판 1쇄 인쇄 2014년 10월 16일
초판 1쇄 발행 2014년 10월 16일
초판 12쇄 발행 2024년 4월 8일

지 은 이 | 파고다교육그룹 언어교육연구소
펴 낸 이 | 박경실
펴 낸 곳 | **PAGODA Books** 파고다북스
출판등록 | 2005년 5월 27일 제 300-2005-90호
주   소 | 06614 서울특별시 서초구 강남대로 419, 19층(서초동, 파고다타워)
전   화 | (02) 6940-4070
팩   스 | (02) 536-0660
홈페이지 | www.pagodabook.com

저작권자 | ⓒ 2014 파고다북스

ISBN 978-89-6281-593-1 (54740)

파고다북스   www.pagodabook.com
파고다 어학원   www.pagoda21.com
파고다 인강   www.pagodastar.com
테스트 클리닉   www.testclinic.com

| 낙장 및 파본은 구매처에서 교환해 드립니다.

STEP

내 신 필 수 어 휘 정 복 7 단 계 프 로 젝 트

WORD SCIENCE

PAGODA Books

●●● **Introduction**

어휘력이 영어 실력의 기본!!

단어! 아무리 강조해도 지나치지 않죠? 어휘력이
곧 영어 실력입니다. 『**WORD SCIENCE**』 7단계
시리즈를 통해 어휘를 미리미리 학습해 두세요.

단어만 외우면 된다??

『**WORD SCIENCE**』는 단어와 모범예문을 원어
민의 정확한 발음이 녹음된 음성과 함께 제공합
니다. 음성을 들으면서 단어와 예문을 암기하다
보면 듣기는 물론 문법까지 한 번에 정복할 수 있
습니다.

단어 학습도 과학!!

단어를 암기하는 방법에 따라 그 효과는 천차만
별입니다. 그래서 단어암기도 과학적으로 외워야
죠. 『**WORD SCIENCE**』는 에빙하우스의 '망각곡
선 이론'에 근거하여 가장 완벽한 암기를 위해 7
단계 반복학습으로 구성하였습니다. 이제 한 번
외운 단어, 끝까지 가지고 갈 수 있습니다.

내신 필수 어휘 정복 프로젝트!!

『**WORD SCIENCE**』는 어휘력을 차근차근 다져
나갈 수 있도록 초등 필수 어휘부터 중학 필수 어
휘까지 단계별로 정리하였습니다. 아울러 온라인
으로 제공하는 '어휘력 진단테스트'를 통해 자신
의 어휘력을 진단해 나갈 수 있도록 구성하였습
니다.

WORD SCIENCE

●●● Contents

○ **Part 1**   9
Part Test 1   23

○ **Part 2**   25
Part Test 2   39

○ **Part 3**   41
Part Test 3   55

○ **Part 4**   57
Part Test 4   71

○ **Part 5**   73
Part Test 5   87

○ **Part 6**   89
Part Test 6   103

○ **Dictation Test &
Online Test**

· Dictation 1   106
· Dictation 2   107
· Dictation 3   108
· Dictation 4   109
· Dictation 5   110
· Dictation 6   111
· Dictation 7   112
· Dictation 8   113
· Dictation 9   114
· Dictation 10   115
· Dictation 11   116
· Dictation 12   117

· Online Test 1   118
· Online Test 2   119
· Online Test 3   120

○ **정답**   121

1단계 - New words & Practice

모르는 단어 체크하고 외우기

새로 배우는 어휘를 확인하고 쓰기 연습을
하며 암기해 봅니다.

2단계 - Sentences

단어와 문장을 듣고 따라하며, 단어 뜻 외우기

단어의 뜻을 빈칸에 적고 MP3를 들으면서 따라
말해 봅니다.

3단계 - Memory Box

어제 익힌 10 단어 암기 확인하기

어제 익힌 단어가 암기되었는지 우리말 뜻을
보면서 영어 단어를 적어 봅니다.

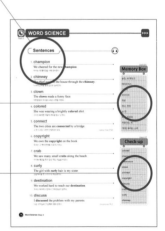

4단계 - Check-up

오늘 익힌 10 단어 암기 확인하기

오늘 익힌 단어의 우리말 뜻을 적으면서
점검해 봅니다.

WORD SCIENCE

5단계 - Dictation Test

30 단어 듣고 받아쓰기

3개의 Unit이 끝나면 MP3를 듣고 정확한 발음을
익히며 단어와 뜻을 받아써 봅니다.
(MP3 파일은 www.pagodabook.com에서 다운로드 가능합니다.)

6단계 - Part Test

60 단어 암기 확인 테스트

1개의 Part가 끝나면 Part Test를 통해
중요한 60 단어를 확인합니다.

7단계 - Online Test

120 단어 Online Test

2개의 Part가 끝나면 www.pagodabook.com에
로그인하여 WORD SCIENCE 온라인 테스트를 풀어 봅니다.
채점표 결과에 나온 틀린 단어를 확인하고
다시 한 번 복습해 봅니다.

◎단계별 어휘력 진단 테스트도 있어요!!

한 단계가 끝나면 www.pagodabook.com에 로그인하여 어휘력 진단 테스트를 받고, 어휘력 분석을
토대로 현재의 어휘력과 문제점, 향후 학습 방향 등을 점검할 수 있습니다.

WORD SCIENCE

Part 1

Unit 01

- abroad
- aerobics
- ambulance
- arrow
- bar
- beauty
- blind
- bottom
- buzz
- cash

Unit 02

- champion
- chimney
- clown
- colored
- connect
- copyright
- crab
- curly
- destination
- discuss

Unit 03

- download
- electricity
- excited
- fan
- flat
- fume
- general
- handkerchief
- hometown
- hug

Unit 04

- include
- interview
- knowledge
- litter
- memory
- monster
- needle
- nut
- pack
- period

Unit 05

- pleasure
- pour
- quarter
- recycle
- rinse
- rub
- sale
- seminar
- sharp
- since

Unit 06

- smooth
- spider
- stress
- symbol
- tear
- tomb
- treasure
- valley
- wallet
- wipe

Unit 01

Date: /	Signature:

New words

- □ **abroad** [əbrɔ́ːd]   부 외국으로   ———————————
- □ **aerobics** [ɛəróubiks]   명 에어로빅스   ———————————
- □ **ambulance** [ǽmbjuləns]   명 구급차   ———————————
- □ **arrow** [ǽrou]   명 화살   ———————————
- □ **bar** [bɑːr]   명 술집, 바, 막대기   ———————————
- □ **beauty** [bjúːti]   명 아름다움, 미   ———————————
- □ **blind** [blaind]   형 눈 먼   ———————————
- □ **bottom** [bátəm]   명 바닥, 밑바닥   ———————————
- □ **buzz** [bʌz]   명 (윙윙) 울리는 소리   ———————————
- □ **cash** [kæʃ]   명 현금, 현찰   ———————————

Practice

abroad				
aerobics				
ambulance				
arrow				
bar				
beauty				
blind				
bottom				
buzz				
cash				

WORD SCIENCE

Sentences

1. abroad
She went **abroad** to study English.
그녀는 영어를 공부하기 위해 외국에 갔다.

2. aerobics
Running is a kind of **aerobics**.
달리기는 일종의 에어로빅스이다.

3. ambulance
They put the patient into the **ambulance**.
그들은 환자를 구급차에 실었다.

4. arrow
He shot the **arrow** from the bow.
그는 활로 화살을 쏘았다.

5. bar
They dropped by a **bar** to drink.
그들은 술을 마시기 위해 바에 들렀다.

6. beauty
She is a woman of great **beauty**.
그녀는 대단한 미인이다.   · beautiful 아름다운

7. blind
The guide dog led the **blind** man.
맹도견이 그 시각 장애인을 인도했다.   · deaf 귀먹은, dumb 말을 못하는

8. bottom
There was a hole on the **bottom** of the boat.
배의 바닥에 구멍이 뚫렸다.

9. buzz
The **buzz** of insects annoyed the campers.
곤충들의 윙윙 소리가 야영객들을 괴롭혔다.

10. cash
He paid the bill by **cash**.
그는 현금으로 계산서를 지불했다.

Unit 01

Check-up

bar
abroad
beauty
aerobics
bottom
cash
ambulance
buzz
arrow
blind

Date: /   Signature:

New words

- ☐ **champion** [tʃǽmpiən] 명 챔피언
- ☐ **chimney** [tʃímni] 명 굴뚝
- ☐ **clown** [klaun] 명 어릿광대
- ☐ **colored** [kʌ́lərd] 형 채색된, …색의
- ☐ **connect** [kənékt] 동 잇다, 연결하다
- ☐ **copyright** [kápiràit] 명 판권, 저작권
- ☐ **crab** [kræb] 명 게
- ☐ **curly** [kə́ːrli] 형 곱슬머리의
- ☐ **destination** [dèstənéiʃən] 명 목적, 목적지
- ☐ **discuss** [diskʌ́s] 동 토론하다, 의논하다

Practice

champion

chimney

clown

colored

connect

copyright

crab

curly

destination

discuss

Sentences

1. champion
We cheered for the new **champion**.
우리는 새 챔피언을 위해 환호했다.

2. chimney
The thief got into the house through the **chimney**.
도둑이 굴뚝을 통해 집으로 들어갔다.

3. clown
The **clown** made a funny face.
어릿광대가 우스꽝스러운 표정을 지었다.

4. colored
She was wearing a brightly **colored** shirt.
그녀는 화려한 색깔의 셔츠를 입고 있었다.

5. connect
The two cities are **connected** by a bridge.
그 두 도시는 다리로 연결되어 있다.   · connection 연결

6. copyright
We own the **copyright** on the book.
우리는 그 책의 판권을 소유하고 있다.

7. crab
We saw many small **crabs** along the beach.
우리는 해변을 따라 많은 작은 게들을 보았다.

8. curly
The girl with **curly** hair is my sister.
곱슬머리를 한 소녀가 내 여동생이다.

9. destination
We worked hard to reach our **destination**.
우리는 목표에 도달하기 위해 열심히 일했다.

10. discuss
I **discussed** the problem with my parents.
나는 부모님과 그 문제에 대해 논했다.   · discussion 토론

Unit 01
Memory Box

술집, 바 막대기
에어로빅스
구급차
외국으로
화살
현금, 현찰
눈 먼
바닥, 밑바닥
아름다움, 미
(윙윙) 울리는 소리

Unit 02
Check-up

colored
champion
destination
clown
connect
copyright
discuss
crab
curly
chimney

Date: /　　Signature:

New words

- ☐ **download** [dáunlòud]　동 다운로드하다 _____
- ☐ **electricity** [ilèktrísəti]　명 전기 _____
- ☐ **excited** [iksáitid]　형 흥분한 _____
- ☐ **fan** [fæn]　명 팬 _____
- ☐ **flat** [flæt]　형 편평한, 평탄한 _____
- ☐ **fume** [fjuːm]　동 노발대발하다 명 증기 _____
- ☐ **general** [dʒénərəl]　명 형 일반(의) _____
- ☐ **handkerchief** [hǽŋkərtʃif]　명 손수건 _____
- ☐ **hometown** [hóumtàun]　명 고향, 출생지 _____
- ☐ **hug** [hʌg]　명 포옹 동 꼭 껴안다 _____

Practice

download			
electricity			
excited			
fan			
flat			
fume			
general			
handkerchief			
hometown			
hug			

Sentences

1. **download**

I **downloaded** an image file on the computer.
나는 컴퓨터에 이미지 파일을 다운로드했다.

2. **electricity**

We can make **electricity** from nuclear energy.
우리는 핵에너지로 전기를 만들 수 있다.   · electric 전기의

3. **excited**

He was really **excited** about his holiday.
그는 휴가에 대해 아주 흥분되었다.   · excitement 흥분

4. **fan**

Teenager **fans** cheered for the singer.
십대 팬들이 그 가수를 환호했다.

5. **flat**

The road in the country was not **flat**.
시골길은 평탄하지가 않았다.

6. **fume**

She was still **fuming** about his rudeness.
그녀는 그의 무례에 대해 여전히 분노하고 있었다.

7. **general**

She talks too much in **general**.
그녀는 대체로 너무 말이 많다.   · in general 대체로

8. **handkerchief**

He dried his hands with a **handkerchief**.
그는 손수건으로 손을 닦았다.

9. **hometown**

He left his **hometown** in 1967.
그는 1967년에 고향을 떠났다.

10. **hug**

She gave her father a big **hug**.
그녀는 아버지를 꼭 껴안았다.

Unit 02
Memory Box

굴뚝
판권, 저작권
어릿광대
잇다, 연결하다
챔피언
게
채색된, …색의
곱슬머리의
토론하다, 의논하다
목적, 목적지

Unit 03
Check-up

fume
general
handkerchief
fan
hug
download
electricity
excited
flat
hometown

···▶ Dictation Test 1을 위해 106페이지로 이동해 주세요.

Date: /   Signature:

New words

- □ **include** [inklú:d]　　동 포함하다 _____
- □ **interview** [íntərvjù:]　명 인터뷰, 면접 _____
- □ **knowledge** [nálidʒ]　명 지식 _____
- □ **litter** [lítər]　　명 쓰레기 _____
- □ **memory** [méməri]　명 기억(력) _____
- □ **monster** [mánstər]　명 괴물 _____
- □ **needle** [ní:dl]　　명 바늘 _____
- □ **nut** [nʌt]　　명 견과 _____
- □ **pack** [pæk]　　동 싸다, 꾸리다 _____
- □ **period** [píəriəd]　명 기간, 시대 _____

Practice

include _____

interview _____

knowledge _____

litter _____

memory _____

monster _____

needle _____

nut _____

pack _____

period _____

Sentences

1. include

I **included** him on the guests.

나는 그를 손님에 포함했다.

· inclusion 포함

2. interview

I had a job **interview** yesterday.

나는 어제 일자리를 위해 면접을 보았다.

3. knowledge

Mike has a good **knowledge** of China.

마이크는 중국에 대한 지식이 많다.

4. litter

The park was full of **litter** after the concert.

그 콘서트 후에 공원은 쓰레기로 가득했다.

5. memory

My grandmother still has a good **memory**.

우리 할머니는 여전히 기억력이 좋다.

· memorize 기억하다

6. monster

The kid enjoyed reading **monster** stories.

그 아이는 괴물 이야기를 읽는 걸 즐겼다.

7. needle

She couldn't find the **needle** on the floor.

그녀는 바닥에서 바늘을 찾을 수 없었다.

· thread 실

8. nut

The squirrels gathered **nuts** busily.

다람쥐들이 바쁘게 견과를 모았다.

9. pack

My father **packed** his suitcase for the trip.

아버지는 여행을 위해 가방을 꾸렸다.

10. period

The campaign lasted for a **period** of 4 weeks.

그 캠페인은 4주간의 기간에 걸쳐 계속되었다.

Unit 03
Memory Box

전기
다운로드하다
흥분한
손수건
노발대발하다, 증기
팬
일반, 일반의
포옹, 꼭 껴안다
고향, 출생지
편평한, 평탄한

Unit 04
Check-up

monster
interview
needle
pack
include
knowledge
litter
memory
period
nut

Date: /   Signature:

New words

- ☐ **pleasure** [pléʒər] 명 기쁨, 즐거움 ————————•
- ☐ **pour** [pɔːr] 동 쏟다, 따르다 ————————•
- ☐ **quarter** [kwɔ́ːrtər] 명 15분, 4분의 1 ————————•
- ☐ **recycle** [riːsáikəl] 동 재활용하다 ————————•
- ☐ **rinse** [rins] 동 헹구다, 씻어내다 ————————•
- ☐ **rub** [rʌb] 동 비비다, 문지르다 ————————•
- ☐ **sale** [seil] 명 판매 ————————•
- ☐ **seminar** [séminàːr] 명 세미나 ————————•
- ☐ **sharp** [ʃɑːrp] 형 날카로운 ————————•
- ☐ **since** [sins] 전 접 (~한) 이래로 ————————•

Practice

pleasure		
pour		
quarter		
recycle		
rinse		
rub		
sale		
seminar		
sharp		
since		

Sentences

1. pleasure
I go sailing for **pleasure**.
나는 재미로 뱃놀이를 간다.
· pleasant 즐거운

2. pour
She **poured** him a cup of coffee.
그녀는 그에게 커피 한 잔을 따랐다.

3. quarter
It's a **quarter** after seven.
지금은 7시 15분이다.

4. recycle
You can **recycle** cans and bottles.
캔과 병을 재활용할 수 있다.

5. rinse
She **rinsed** her son's hair.
그녀는 아들의 머리를 헹구었다.

6. rub
She **rubbed** lotion on her legs.
그녀는 다리에 로션을 문질렀다.

7. sale
A fine house is for **sale** in my neighborhood.
우리 동네에 좋은 집 한 채가 팔려고 나와 있다.
· for sale 팔려고 내놓은

8. seminar
My father is attending a **seminar** in America.
아버지는 미국에서 세미나에 참석하고 있다.

9. sharp
The knife has a **sharp** point.
그 칼은 끝이 날카롭다.
· dull 무딘

10. since
He has been sick **since** last Saturday.
그는 지난 토요일 이후 계속 아프다.

Unit 04

Memory Box

포함하다
쓰레기
견과
기억(력)
지식
괴물
싸다, 꾸리다
기간, 시대
바늘
인터뷰, 면접

Unit 05

Check-up

since
pleasure
quarter
recycle
sharp
rinse
sale
pour
rub
seminar

Date: /   Signature:

New words

☐ **smooth** [smuːð]　형 매끄러운

☐ **spider** [spáidər]　명 거미

☐ **stress** [stres]　명 스트레스, 압박

☐ **symbol** [símbəl]　명 상징, 기호

☐ **tear** [tiər]　명 눈물

☐ **tomb** [tuːm]　명 무덤, 묘

☐ **treasure** [tréʒər]　명 보물

☐ **valley** [væli]　명 계곡, 골짜기

☐ **wallet** [wálit]　명 지갑

☐ **wipe** [waip]　동 닦다, 훔치다

Practice

smooth

spider

stress

symbol

tear

tomb

treasure

valley

wallet

wipe

WORD SCIENCE ▶▶▶

Sentences

1. smooth

He has **smooth** skin like a baby.

그는 아기처럼 피부가 매끄럽다.

2. spider

He's frightened of **spiders**.

그는 거미를 무서워한다.

3. stress

She is under a lot of **stress** at work.

그녀는 직장에서 스트레스를 많이 받고 있다.   · stressful 스트레스가 많은

4. symbol

A heart is the **symbol** of love.

하트는 사랑의 상징이다.   · symbolize 상징하다

5. tear

Tears were rolling down her cheeks.

눈물이 그녀의 뺨 아래로 흘러내렸다.

6. tomb

The king and queen were buried in the **tomb**.

왕과 왕비가 그 무덤에 묻혀 있다.

7. treasure

She is a **treasure** to her family.

그녀는 가족에게 아주 소중하다.

8. valley

Can you see a bear on the **valley**?

계곡 위에 있는 곰을 볼 수 있니?

9. wallet

Mom took out some coins from the **wallet**.

엄마는 지갑에서 동전을 몇 개 꺼냈다.

10. wipe

Mom **wiped** the table after dinner.

엄마는 저녁 식사 후에 테이블을 닦았다.

Unit 05
Memory Box

세미나
(~한) 이래로
기쁨, 즐거움
15분, 4분의 1
재활용하다
쏟다, 따르다
비비다, 문지르다
판매
헹구다, 씻어내다
날카로운

Unit 06
Check-up

tear
valley
smooth
wipe
spider
tomb
stress
treasure
symbol
wallet

····▶ Dictation Test 2를 위해 107페이지로 이동해 주세요.

Signature:

Score:

/ 50

A Write down the meanings of the English words.

1. ambulance

2. wipe

3. buzz

4. tomb

5. crab

6. spider

7. excited

8. rub

9. hug

10. period

11. monster

12. litter

13. pour

14. fume

15. since

16. discuss

17. symbol

18. connect

19. valley

20. blind

B Write the English words for the Korean.

1. 외국으로

2. 지갑

3. 바닥, 밑바닥

4. 눈물

5. 판권, 저작권

6. 매끄러운

7. 전기

8. 15분, 4분의 1

9. 고향, 출생지

10. 싸다, 꾸리다

11. 기억(력)

12. 포함하다

13. 기쁨, 즐거움

14. 편평한

15. 판매

16. 목적, 목적지

17. 스트레스, 압박

18. 굴뚝

19. 보물

20. 아름다움, 미

C Choose the right words to fill in the blanks.

sharp	arrow	fans	clown	nuts
cash	curly	general	interview	recycle

1. He shot the _____ from the bow.

2. He paid the bill by _____.

3. The _____ made a funny face.

4. The girl with _____ hair is my sister.

5. Teenager _____ cheered for the singer.

6. She talks too much in _____.

7. I had a job _____ yesterday.

8. The squirrels gathered _____ busily.

9. You can _____ cans and bottles.

10. The knife has a _____ point.

WORD SCIENCE

Part 2

Part 2

Unit 07	Unit 08	Unit 09	Unit 10	Unit 11	Unit 12
□ add	□ character	□ dye	□ instead	□ pollution	□ sort
□ alike	□ cigarette	□ escalator	□ item	□ price	□ steak
□ appearance	□ coast	□ factory	□ lens	□ raw	□ suit
□ attention	□ community	□ first	□ magic	□ respond	□ tale
□ bathtub	□ continue	□ forest	□ mind	□ rope	□ theater
□ best	□ couple	□ gain	□ most	□ rush	□ traffic
□ bone	□ crown	□ goose	□ nonstop	□ seashore	□ trousers
□ bug	□ dangerous	□ helmet	□ oneself	□ sentence	□ vitamin
□ camp	□ difference	□ honey	□ past	□ shy	□ wedding
□ cave	□ documentary	□ ice	□ planet	□ skip	□ without

New words

- ☐ **add** [æd]   동 더하다, 추가하다 _____
- ☐ **alike** [əláik]   형 똑같은 _____
- ☐ **appearance** [əpíərəns]   명 외관, 출현 _____
- ☐ **attention** [əténʃən]   명 주의, 돌봄 _____
- ☐ **bathtub** [bǽθtʌb]   명 욕조 _____
- ☐ **best** [best]   형 최고의, 최상의 _____
- ☐ **bone** [boun]   명 뼈, 뼈다귀 _____
- ☐ **bug** [bʌg]   명 벌레 _____
- ☐ **camp** [kæmp]   동 캠프하다 _____
- ☐ **cave** [keiv]   명 굴, 동굴 _____

Practice

add			
alike			
appearance			
attention			
bathtub			
best			
bone			
bug			
camp			
cave			

Sentences

1. **add**

   She **added** some raisins to the salad.

   그녀는 샐러드에 건포도를 약간 추가했다.   · addition 추가

2. **alike**

   The twins look exactly **alike**.

   그 쌍둥이는 아주 똑같다.

3. **appearance**

   His glasses changed his **appearance**.

   안경이 그의 외모를 바꿔 놓았다.   · appear 보이다

4. **attention**

   Please pay **attention** to his speech.

   그의 연설에 주의를 기울이세요.   · pay attention to …에 주의하다

5. **bathtub**

   The baby is playing in the **bathtub**.

   아기가 욕조에서 놀고 있다.   · bathroom 욕실

6. **best**

   Tom is the **best** pitcher on our team.

   톰은 우리 팀에서 최고의 투수이다.   · worst 최악의

7. **bone**

   The dogs had a fight over the **bone**.

   개들은 뼈다귀를 놓고 싸움을 했다.

8. **bug**

   A **bug** was crawling across the floor.

   벌레 한 마리가 바닥을 가로질러 기어가고 있었다.

9. **camp**

   We will go **camping** next weekend.

   우리는 다음 주말에 야영을 갈 것이다.

10. **cave**

    She was afraid to go into the **cave**.

    그녀는 동굴로 들어가기를 두려워했다.

Unit 06

Memory Box

상징, 기호
거미
스트레스, 압박
매끄러운
무덤, 묘
보물
계곡, 골짜기
눈물
지갑
닦다, 훔치다

Unit 07

Check-up

alike
bathtub
appearance
best
add
bone
cave
bug
camp
attention

Date: / Signature:

New words

☐ **character** [kǽriktər]	명 성격, 특성	●———————
☐ **cigarette** [sìgərét]	명 궐련	●———————
☐ **coast** [koust]	명 해안, 연안	●———————
☐ **community** [kəmjúːnəti]	명 지역 사회	●———————
☐ **continue** [kəntínjuː]	동 계속하다	●———————
☐ **couple** [kʌ́pəl]	명 한 쌍, 둘	●———————
☐ **crown** [kraun]	명 왕관	●———————
☐ **dangerous** [déindʒərəs]	형 위험한	●———————
☐ **difference** [dífərəns]	명 차이, 다름	●———————
☐ **documentary** [dàkjuméntəri]	명 다큐멘터리	●———————

Practice

character

cigarette

coast

community

continue

couple

crown

dangerous

difference

documentary

Sentences

1. **character**

It's not in his **character** to be angry.
화를 내는 것은 그의 성격이 아니다. · characteristic 특징적인

2. **cigarette**

The **cigarette** smoke made me cry.
궐련 연기 때문에 눈물이 났다.

3. **coast**

We drove along the **coast**.
우리는 해안을 따라서 운전을 했다.

4. **community**

Our **community** needs a new library.
우리 지역 사회에는 도서관이 하나 필요하다.

5. **continue**

Just press any key to **continue**.
계속하려면 그냥 아무 키나 눌러라.

6. **couple**

I will stay here for a **couple** of weeks.
나는 이곳에 2~3주 머물 것이다. · a couple of 몇몇의, 두셋의

7. **crown**

The king was wearing a gold **crown**.
왕은 금관을 쓰고 있었다.

8. **dangerous**

It's **dangerous** to swim in this river.
이 강에서 수영하는 것은 위험하다. · danger 위험

9. **difference**

Do you see a **difference** between the twins?
저 쌍둥이의 차이점을 알아보겠니? · different 다른

10. **documentary**

I watched a **documentary** about Africa.
나는 아프리카에 관한 다큐멘터리를 보았다.

Unit 07

Memory Box

똑같은
더하다, 추가하다
굴, 동굴
욕조
최고의, 최상의
주의, 돌봄
외관, 출현
뼈, 뼈다귀
캠프하다
벌레

Unit 08

Check-up

community
dangerous
continue
crown
difference
cigarette
coast
character
documentary
couple

Date: /   Signature:

New words 📖

☐ **dye** [dai]	동 염색하다	———————————•
☐ **escalator** [éskəlèitər]	명 에스컬레이터	———————————•
☐ **factory** [fǽktəri]	명 공장	———————————•
☐ **first** [fəːrst]	형 첫 번째의, 최초의	———————————•
☐ **forest** [fɔ́(ː)rist]	명 숲, 산림	———————————•
☐ **gain** [gein]	동 얻다, 늘리다	———————————•
☐ **goose** [guːs]	명 거위	———————————•
☐ **helmet** [hélmit]	명 헬멧	———————————•
☐ **honey** [hʌ́ni]	명 꿀, 벌꿀	———————————•
☐ **ice** [ais]	명 얼음	———————————•

Practice ✏️

dye			
escalator			
factory			
first			
forest			
gain			
goose			
helmet			
honey			
ice			

WORD SCIENCE

Track 9

Sentences

1. **dye**
   Did you notice that he **dyed** his hair?
   그가 머리를 염색한 것을 알아보았니?

2. **escalator**
   He went up the down **escalator**.
   그는 내려오는 에스컬레이터를 올라갔다.

3. **factory**
   My father works at a car **factory**.
   우리 아버지는 자동차 공장에서 일하신다.

4. **first**
   A is the **first** letter in the alphabet.
   'A'는 알파벳의 첫 번째 글자이다.

5. **forest**
   We went hiking in the **forest**.
   우리는 숲으로 하이킹을 갔다.

6. **gain**
   She **gained** a lot of weight.
   그녀는 체중이 많이 늘었다.

7. **goose**
   They kept several **geese** on the farm.
   그들은 농장에 거위 몇 마리를 키웠다.   · pl. geese

8. **helmet**
   Wear the **helmet** when you ride a bike.
   자전거를 탈 때는 헬멧을 써라.

9. **honey**
   Do you want some **honey** in your tea?
   차에 꿀을 좀 탈까요?

10. **ice**
    Ice is the solid form of water.
    얼음은 물의 고체 형태이다.   · icy 얼음의

Unit 08

Memory Box

해안, 연안
성격, 특성
계속하다
궐련
왕관
다큐멘터리
위험한
한 쌍, 둘
차이, 다름
지역 사회

Unit 09

Check-up

goose
escalator
helmet
honey
ice
factory
dye
first
gain
forest

····→ Dictation Test 3를 위해 108페이지로 이동해 주세요.

Date: /   Signature:

New words

- ☐ **instead** [instéd]   부 대신에 _____
- ☐ **item** [áitəm]   명 품목, 조항 _____
- ☐ **lens** [lenz]   명 렌즈 _____
- ☐ **magic** [mǽdʒik]   명 마법, 마술 _____
- ☐ **mind** [maind]   명 마음, 정신 _____
- ☐ **most** [moust]   형 대부분의 _____
- ☐ **nonstop** [nánstáp]   형 직행의 _____
- ☐ **oneself** [wɔnsélf]   대 자기 자신 _____
- ☐ **past** [pæst]   명 과거 _____
- ☐ **planet** [plǽnət]   명 행성 _____

Practice

instead _____

item _____

lens _____

magic _____

mind _____

most _____

nonstop _____

oneself _____

past _____

planet _____

Sentences

1. instead

I will attend the meeting **instead** of him.

나는 그를 대신해서 모임에 참석할 것이다.   · instead of …의 대신으로

2. item

She had the most expensive **item** on the menu.

그녀는 메뉴에서 가장 비싼 것을 골랐다.

3. lens

She is wearing color **lenses**.

그녀는 컬러 렌즈를 끼고 있다.

4. magic

We had a wonderful time at the **magic** show.

우리는 마술쇼에서 즐거운 시간을 보냈다.

5. mind

He would not change his **mind**.

그는 자기 생각을 바꾸려고 하지 않았다.   · mind 싫어하다

6. most

Korea imports **most** oil from abroad.

한국은 석유를 대부분 외국에서 수입한다.

7. nonstop

We made a **nonstop** flight to Chicago.

우리는 시카고까지 무착륙 비행을 했다.

8. oneself

Seeing **oneself** on television is exciting.

텔레비전에서 자신의 모습을 보는 것은 신난다.

9. past

In the **past**, this river was very clear.

과거에는 이 강이 아주 깨끗했다.   · past 과거의, 지나서

10. planet

Jupiter is the largest **planet** in the solar system.

목성은 태양계에서 가장 큰 행성이다.

Unit 09
Memory Box

염색하다

공장

에스컬레이터

숲, 산림

첫 번째의, 최초의

얻다, 늘리다

거위

꿀, 벌꿀

헬멧

얼음

Unit 10
Check-up

lens

magic

instead

mind

planet

item

most

nonstop

past

oneself

| Date: / | Signature: |

New words

- ☐ **pollution** [pəlúːʃən]　명 오염　————————•
- ☐ **price** [prais]　명 가격　————————•
- ☐ **raw** [rɔː]　형 생 것의, 날것의　————————•
- ☐ **respond** [rispánd]　동 응답하다, 반응하다　————————•
- ☐ **rope** [roup]　명 밧줄, 로프　————————•
- ☐ **rush** [rʌʃ]　동 돌진하다　————————•
- ☐ **seashore** [síːʃɔːr]　명 해변, 바닷가　————————•
- ☐ **sentence** [séntəns]　명 문장　————————•
- ☐ **shy** [ʃai]　형 수줍어하는　————————•
- ☐ **skip** [skip]　동 가볍게 뛰다　————————•

Practice

pollution			
price			
raw			
respond			
rope			
rush			
seashore			
sentence			
shy			
skip			

WORD SCIENCE

Sentences

1. pollution
Pollution is becoming a serious issue.
오염은 심각한 문제가 되고 있다.   · pollute 오염시키다

2. price
The **price** of rice is rising steadily.
쌀 가격이 꾸준히 오르고 있다.

3. raw
Do you like to eat **raw** fish?
너는 날 생선을 먹는 걸 좋아하니?

4. respond
The student **responded** to the teacher's question.
그 학생은 선생님의 질문에 대답했다.   · response 대답, 응답

5. rope
We used a **rope** ladder to climb down the building.
우리는 로프 사다리를 이용해 건물을 내려왔다.

6. rush
The children **rushed** out of the school.
아이들이 학교 밖으로 달려 나왔다.

7. seashore
We gathered shells on the **seashore**.
우리는 해변에서 조가비를 모았다.

8. sentence
We repeated the **sentences** several times.
우리는 문장을 여러 번 반복했다.

9. shy
He was too **shy** to speak to her.
그는 너무 부끄러워 그녀에게 말을 하지 못했다.

10. skip
They **skipped** along the shore happily.
그들은 해변을 따라 행복하게 뛰어 놀았다.

Unit 10
Memory Box
행성
품목, 조항
마법, 마술
직행의
렌즈
대신에
마음, 정신
대부분의
자기 자신
과거

Unit 11
Check-up
skip
price
raw
pollution
respond
seashore
rope
sentence
rush
shy

Date: /   Signature:

New words

- ☐ **sort** [sɔːrt]   명 종류
- ☐ **steak** [steik]   명 스테이크
- ☐ **suit** [suːt]   동 어울리다 명 한 벌
- ☐ **tale** [teil]   명 이야기
- ☐ **theater** [θí(ː)ətər]   명 극장
- ☐ **traffic** [trǽfik]   명 교통
- ☐ **trousers** [tráuzərz]   명 바지
- ☐ **vitamin** [váitəmin]   명 비타민
- ☐ **wedding** [wédiŋ]   명 결혼, 혼례
- ☐ **without** [wiðáut]   전 …없이

Practice

sort

steak

suit

tale

theater

traffic

trousers

vitamin

wedding

without

▶▶▶

Sentences

1. **sort**

   What **sort** of sport do you like best?
   너는 어떤 종류의 스포츠를 가장 좋아하니?

2. **steak**

   How would you like your **steak**?
   스테이크를 어떻게 해드릴까요?

3. **suit**

   Does this hat **suit** me?
   이 모자가 나에게 어울리니?

4. **tale**

   Grandma read me a fairy **tale**.
   할머니가 내게 동화를 읽어주셨다.

5. **theater**

   We watched a movie in a drive-in **theater**.
   우리는 드라이브인 극장에서 영화를 보았다.

6. **traffic**

   Traffic is always heavy at this time.
   교통은 이 시간에 늘 혼잡하다.

7. **trousers**

   These **trousers** are too tight.
   이 바지는 너무 꽉 낀다.

8. **vitamin**

   Oranges are full of **vitamin** C.
   오렌지는 비타민 C가 풍부하다.

9. **wedding**

   The **wedding** ceremony was held at the church.
   결혼식이 교회에서 거행되었다.

10. **without**

    We can't live **without** water.
    우리는 물 없이는 살 수 없다.

Unit 11
Memory Box

가격
오염
응답하다, 반응하다
가볍게 뛰다
밧줄, 로프
돌진하다
생 것의, 날것의
해변, 바닷가
수줍어하는
문장

Unit 12
Check-up

tale
sort
wedding
steak
suit
theater
without
traffic
vitamin
trousers

····▶ Dictation Test 4를 위해 109페이지로 이동해 주세요.

Signature: Score:

/ 50

A Write down the meanings of the English words.

1. appearance

2. without

3. cave

4. traffic

5. couple

6. steak

7. first

8. rope

9. honey

10. planet

11. most

12. magic

13. raw

14. gain

15. sentence

16. difference

17. tale

18. coast

19. vitamin

20. bone

B Write the English words for the Korean.

1. 추가하다

2. 결혼, 혼례

3. 벌레

4. 극장

5. 계속하다

6. 종류

7. 염색하다

8. 응답하다

9. 거위

10. 과거

11. 마음, 정신

12. 대신에

13. 오염

14. 숲, 산림

15. 해변, 바닷가

16. 위험한

17. 어울리다

18. 성격, 특성

19. 바지

20. 최고의

C Choose the right words to fill in the blanks.

factory	helmet	cigarette	nonstop	attention
alike	shy	lenses	price	crown

1. The twins look exactly _____.

2. Please pay _____ to his speech.

3. The _____ smoke made me cry.

4. The king was wearing a gold _____.

5. My father works at a car _____.

6. Wear the _____ when you ride a bike.

7. She is wearing color _____.

8. We made a _____ flight to Chicago.

9. The _____ of rice is rising steadily.

10. He was too _____ to speak to her.

WORD SCIENCE

Part 3

Unit 13	Unit 14	Unit 15	Unit 16	Unit 17	Unit 18
□ accident	□ chance	□ drain	□ information	□ plum	□ soil
□ agree	□ chip	□ environment	□ invent	□ powder	□ spin
□ anxious	□ coach	□ express	□ ladder	□ quite	□ stuff
□ ash	□ comedy	□ fault	□ lonely	□ rent	□ system
□ bargain	□ contain	□ flour	□ mess	□ role	□ teenager
□ beg	□ cost	□ function	□ mood	□ rubber	□ tool
□ blond	□ crocodile	□ ghost	□ nod	□ salty	□ treat
□ brain	□ curve	□ hang	□ ocean	□ senior	□ value
□ cabbage	□ detail	□ homework	□ pain	□ shell	□ wave
□ castle	□ discussion	□ hum	□ photograph	□ sink	□ wire

New words

- ☐ **accident** [ǽksidənt] 명 사고, 재난 _____
- ☐ **agree** [əgrí:] 동 동의하다 _____
- ☐ **anxious** [ǽŋkʃəs] 형 걱정스러운 _____
- ☐ **ash** [æʃ] 명 재, 화산재 _____
- ☐ **bargain** [bá:rgən] 명 (싸게 산) 물건, 매매 _____
- ☐ **beg** [beg] 동 빌다, 간청하다 _____
- ☐ **blond** [blɑnd] 형 금발의 _____
- ☐ **brain** [brein] 명 뇌, 두뇌 _____
- ☐ **cabbage** [kǽbidʒ] 명 양배추, 캐비지 _____
- ☐ **castle** [kǽsl] 명 성, 성곽 _____

Practice

accident				
agree				
anxious				
ash				
bargain				
beg				
blond				
brain				
cabbage				
castle				

WORD SCIENCE ▶▶▶

Sentences

1. **accident**

   She was hurt in a car **accident**.
   그녀는 자동차 사고로 다쳤다.

2. **agree**

   I don't always **agree** with you.
   항상 너와 의견이 일치하는 건 아니다.   · agreement 동의

3. **anxious**

   He was **anxious** about the test.
   그는 시험을 걱정했다.   · anxiety 걱정, 근심

4. **ash**

   Dad tapped the **ash** off his cigarette.
   아빠는 궐련의 재를 털었다.

5. **bargain**

   He got a **bargain** at the department store.
   그는 백화점에서 싼 물건을 하나 구입했다.

6. **beg**

   The child **begged** to go to the beach.
   그 아이는 해변에 가자고 졸랐다.

7. **blond**

   All of the members of my family are **blond**.
   우리 가족은 모두가 금발이다.

8. **brain**

   The **brain** controls the actions of the body.
   뇌는 신체의 행동을 지배한다.

9. **cabbage**

   They grow some **cabbage** in the garden.
   그들은 정원에 양배추를 좀 재배한다.

10. **castle**

    The enemies attacked the **castle** at night.
    적들은 밤에 성을 공격했다.

Unit 12
Memory Box

스테이크
결혼, 혼례
어울리다, 한 벌
이야기
극장
바지
비타민
…없이
교통
종류

Unit 13
Check-up

ash
bargain
accident
beg
agree
blond
brain
castle
anxious
cabbage

Date: /   Signature:

New words

- ☐ **chance** [tʃæns]　　명 기회, 가망 _____
- ☐ **chip** [tʃip]　　명 토막, 얇은 조각 _____
- ☐ **coach** [koutʃ]　　명 코치, 지도자 _____
- ☐ **comedy** [kámədi]　　명 코미디, 희극 _____
- ☐ **contain** [kəntéin]　　동 포함하다 _____
- ☐ **cost** [kɔːst]　　동 비용이 들다 _____
- ☐ **crocodile** [krákədàil]　　명 악어 _____
- ☐ **curve** [kəːrv]　　명 커브, 곡선 _____
- ☐ **detail** [díːteil]　　명 상세, 세부 _____
- ☐ **discussion** [diskʌ́ʃən]　　명 토론 _____

Practice

chance _____

chip _____

coach _____

comedy _____

contain _____

cost _____

crocodile _____

curve _____

detail _____

discussion _____

Sentences

1. chance

He had little **chance** of marrying her.
그는 그녀와 결혼할 가망이 거의 없었다.

· by chance 우연히

2. chip

I had a cheeseburger and potato **chips**.
나는 치즈버거와 포테이토칩을 먹었다.

3. coach

The **coach** showed him how to catch.
코치는 그에게 잡는 방법을 보여주었다.

4. comedy

I like **comedies** better than soap operas.
나는 드라마보다 코미디를 더 좋아한다.

5. contain

Watermelons **contain** a lot of sugar.
수박에는 당분이 많이 들어 있다.

6. cost

The car **cost** him a lot of money.
자동차를 사는데 그는 많은 돈을 썼다.

· cost-cost-cost

7. crocodile

A **crocodile** is a reptile.
악어는 파충류이다.

8. curve

The car slowed down at the **curve**.
자동차는 커브길에서 속도를 늦추었다.

9. detail

The coach explained the rule in **detail**.
코치는 규칙을 상세하게 설명했다.

· in detail 자세히

10. discussion

We will have a **discussion** about it.
우리는 그것에 대해 논의할 것이다.

· discuss 토론하다

Unit 13
Memory Box

동의하다
빌다, 간청하다
걱정스러운
사고, 재난
재, 화산재
금발의
(싸게 산) 물건, 매매
뇌, 두뇌
성, 성곽
양배추, 캐비지

Unit 14
Check-up

chip
chance
comedy
discussion
coach
contain
crocodile
curve
detail
cost

Date: /   Signature:

New words

- ☐ **drain** [drein] 명 배수, 배수관 ————————•
- ☐ **environment** [inváiərənmənt] 명 환경 ————————•
- ☐ **express** [iksprés] 동 표현하다, 나타내다 ————————•
- ☐ **fault** [fɔːlt] 명 잘못, 과실 ————————•
- ☐ **flour** [flauər] 명 밀가루, 분말 ————————•
- ☐ **function** [fʌ́ŋkʃən] 명 기능, 작용 ————————•
- ☐ **ghost** [goust] 명 유령 ————————•
- ☐ **hang** [hæŋ] 동 걸다, 매달다 ————————•
- ☐ **homework** [hóumwə̀ːrk] 명 숙제 ————————•
- ☐ **hum** [hʌm] 동 콧노래를 부르다 ————————•

Practice

drain			
environment			
express			
fault			
flour			
function			
ghost			
hang			
homework			
hum			

Sentences

1. drain

The **drain** in the sink is blocked.
싱크대의 배수관이 막혔다.

2. environment

We must protect the **environment** by recycling.
우리는 재활용을 통해 환경을 보호해야 한다.

3. express

She **expressed** her ideas well.
그녀는 자기 생각을 잘 표현했다.   · expression 표현

4. fault

It's your **fault** that we are late.
우리가 늦은 것은 너의 잘못이다.

5. flour

I bought some **flour** to make a cake.
나는 케이크를 만들려고 밀가루를 좀 샀다.

6. function

He explained the **function** of all the buttons.
그는 모든 버튼의 기능을 설명했다.

7. ghost

My brother believes that **ghosts** exist.
내 남동생은 유령이 존재한다고 믿는다.

8. hang

He **hung** his coat on the hook.
그는 고리에 코트를 걸었다.   · hang-hung-hung

9. homework

My **homework** is writing a poem about autumn.
나의 숙제는 가을에 관한 시를 쓰는 것이다.

10. hum

He **hummed** the tune happily.
그는 곡조를 행복하게 흥얼거렸다.

Unit 14
Memory Box

토막, 얇은 조각
기회, 가망
코치, 지도자
포함하다
토론
비용이 들다
커브, 곡선
코미디, 희극
악어
상세, 세부

Unit 15
Check-up

function
drain
environment
ghost
hang
express
fault
hum
flour
homework

····▶ Dictation Test 5를 위해 110페이지로 이동해 주세요.

Date: /　　Signature:

New words

- information [ìnfərméiʃən]　명 정보
- invent [invént]　동 발명하다
- ladder [lǽdər]　명 사다리
- lonely [lóunli]　형 외로운, 고독한
- mess [mes]　명 혼란, 어수선함
- mood [mu:d]　명 기분, 분위기
- nod [nɑd]　명 끄덕임　동 끄덕이다
- ocean [óuʃən]　명 대양, 바다
- pain [pein]　명 고통, 아픔
- photograph [fóutəgræf]　명 사진

Practice

information

invent

ladder

lonely

mess

mood

nod

ocean

pain

photograph

WORD SCIENCE

▶▶▶

Sentences

1. **information**

   Please call us for more **information**.
   더 많은 정보를 원하면 우리에게 전화해주세요.
   · inform 알리다

2. **invent**

   Thomas Edison **invented** the light bulb.
   토머스 에디슨은 전구를 발명했다.
   · invention 발명

3. **ladder**

   He climbed up the **ladder**.
   그는 사다리를 올라갔다.

4. **lonely**

   She felt **lonely** at the new school.
   그녀는 새 학교에서 외로움을 느꼈다.
   · loneliness 외로움

5. **mess**

   What a **mess** your room is!
   네 방은 너무 어수선해!
   · messy 어질러진

6. **mood**

   Tom was in a good **mood** this morning.
   톰은 오늘 아침에 기분이 좋았다.

7. **nod**

   She greeted me with a **nod**.
   그녀는 고개를 끄덕이며 나를 맞았다.

8. **ocean**

   The dolphins were swimming in the **ocean**.
   돌고래들이 바다에서 헤엄치고 있었다.

9. **pain**

   The patient cried out in **pain**.
   그 환자는 고통으로 소리쳤다.

10. **photograph**

    Can you take a **photograph** of us?
    우리 사진을 찍어주시겠어요?
    · photo 사진

Memory Box
Unit 15

걸다, 매달다
배수, 배수관
표현하다, 나타내다
잘못, 과실
환경
밀가루, 분말
숙제
콧노래를 부르다
유령
기능, 작용

Check-up
Unit 16

invent
ladder
information
lonely
mess
photograph
nod
ocean
pain
mood

Date: /   Signature:

New words

☐ **plum** [plʌm]   명 플럼, 서양자두   _____

☐ **powder** [páudər]   명 가루, 분말   _____

☐ **quite** [kwait]   부 아주, 완전히   _____

☐ **rent** [rent]   동 빌리다, 임대하다   _____

☐ **role** [roul]   명 역할, 배역   _____

☐ **rubber** [rʌ́bər]   명 고무, 고무줄   _____

☐ **salty** [sɔ́:lti]   형 짠, 소금기가 있는   _____

☐ **senior** [síːnjər]   형 연상의, 선배의   _____

☐ **shell** [ʃel]   명 껍질, 등딱지   _____

☐ **sink** [siŋk]   동 가라앉다   _____

Practice

plum   _____   _____

powder   _____   _____

quite   _____   _____

rent   _____   _____

role   _____   _____

rubber   _____   _____

salty   _____   _____

senior   _____   _____

shell   _____   _____

sink   _____   _____

WORD SCIENCE

Sentences

1. **plum**

   Mom bought some apples and **plums**.
   엄마는 사과와 자두를 좀 사셨다.

2. **powder**

   Mom put soap **powder** into the washing machine.
   엄마는 가루 비누를 세탁기에 넣으셨다.

3. **quite**

   It's **quite** cold today.
   오늘은 정말 춥다.

4. **rent**

   We **rented** a car for the weekend.
   우리는 주말에 쓰려고 차를 렌트했다.

5. **role**

   He had a leading **role** in the school play.
   그는 학교 연극에서 주연을 했다.

6. **rubber**

   She tied her hair with a **rubber** band.
   그녀는 고무줄로 머리를 묶었다.

7. **salty**

   Sea water is **salty**.
   바닷물은 짜다.

8. **senior**

   She is **senior** to me by five years.
   그녀는 나의 5년 선배이다.   · junior 손아래의

9. **shell**

   Turtles have **shells** on their backs.
   거북은 등에 등딱지가 있다.

10. **sink**

    The Titanic hit an iceberg and **sank** slowly.
    타이타닉호는 빙산에 부딪쳐 천천히 가라앉았다.   · sink-sank-sunk

Memory Box
Unit 16

| 정보 |
| 사다리 |
| 끄덕임, 끄덕이다 |
| 외로운, 고독한 |
| 혼란, 어수선함 |
| 기분, 분위기 |
| 발명하다 |
| 고통, 아픔 |
| 사진 |
| 대양, 바다 |

Check-up
Unit 17

| shell |
| rubber |
| salty |
| plum |
| senior |
| powder |
| quite |
| rent |
| sink |
| role |

Date: /　Signature:

New words

- ☐ **soil** [sɔil] 명 흙, 토양 _____
- ☐ **spin** [spin] 동 실을 내다, 잣다 _____
- ☐ **stuff** [stʌf] 동 채우다, 메우다 _____
- ☐ **system** [sístəm] 명 시스템, 체제 _____
- ☐ **teenager** [tíːnèidʒər] 명 십대, 틴에이저 _____
- ☐ **tool** [tuːl] 명 도구, 연장 _____
- ☐ **treat** [triːt] 동 다루다, 대우하다 _____
- ☐ **value** [vǽljuː] 명 가치, 가격 _____
- ☐ **wave** [weiv] 명 파도, 물결 _____
- ☐ **wire** [waiər] 명 철사, 전선 _____

Practice

soil _____ _____ _____

spin _____ _____ _____

stuff _____ _____ _____

system _____ _____ _____

teenager _____ _____ _____

tool _____ _____ _____

treat _____ _____ _____

value _____ _____ _____

wave _____ _____ _____

wire _____ _____ _____

WORD SCIENCE ▶▶▶

Sentences

1. **soil**

   The carrots grew well in the rich **soil**.

   당근은 비옥한 토양에서 잘 자랐다.

2. **spin**

   Spiders **spin** webs to catch insects.

   거미는 곤충을 잡으려고 거미줄을 친다.

3. **stuff**

   She **stuffed** her bag with her clothes.

   그녀는 옷으로 가방을 채웠다.

4. **system**

   We have a new computer **system** at work.

   우리는 직장에 새로운 컴퓨터 시스템이 있다.

5. **teenager**

   Teenager fans cheered for the movie star.

   십대 팬들이 그 영화 배우를 환호했다.

6. **tool**

   A bad workman always blames his **tools**.

   솜씨 없는 일꾼은 연장만 나무란다.

7. **treat**

   My parents **treat** me like a baby.

   우리 부모님은 나를 아기처럼 다루신다.   · treatment 취급, 대우

8. **value**

   The temple has great historical **value**.

   그 절은 역사적인 가치가 아주 크다.   · valuable 귀중한

9. **wave**

   The ship rode gently over the **waves**.

   그 배는 부드럽게 파도를 타고 갔다.

10. **wire**

    There is a bird on the **wire**.

    전선 위에 새 한 마리가 있다.

Unit 17
Memory Box

가라앉다
가루, 분말
아주, 완전히
빌리다, 임대하다
플럼, 서양 자두
역할, 배역
연상의, 선배의
고무, 고무줄
껍질, 등딱지
짠, 소금기가 있는

Unit 18
Check-up

tool
soil
teenager
value
spin
treat
stuff
wave
system
wire

····▶ Dictation Test 6를 위해 111페이지로 이동해 주세요.

Signature:　　　Score:

/ 50

A Write down the meanings of the English words.

1. anxious

2. wire

3. castle

4. tool

5. cost

6. spin

7. express

8. role

9. hang

10. pain

11. mess

12. ladder

13. quite

14. function

15. sink

16. discussion

17. system

18. coach

19. value

20. beg

B Write the English words for the Korean.

1. 동의하다

2. 파도, 물결

3. 금발의

4. 십대, 틴에이저

5. 코미디, 희극

6. 흙, 토양

7. 배수, 배수관

8. 빌리다

9. 유령

10. 대양, 바다

11. 외로운

12. 발명하다

13. 가루, 분말

14. 잘못, 과실

15. 짠

16. 상세, 세부

17. 채우다

18. 기회, 가망

19. 다루다

20. 싸게 산 물건

C Choose the right words to fill in the blanks.

rubber	homework	information	mood	brain
contain	accident	curve	senior	flour

1. She was hurt in a car _____.

2. The _____ controls the actions of the body.

3. Watermelons _____ a lot of sugar.

4. The car slowed down at the _____.

5. I bought some _____ to make a cake.

6. My _____ is writing a poem about autumn.

7. Please call us for more _____.

8. Tom was in a good _____ this morning.

9. She tied her hair with a _____ band.

10. She is _____ to me by five years.

WORD SCIENCE

Part 4

Unit 19	Unit 20	Unit 21	Unit 22	Unit 23	Unit 24
□ adult	□ chew	□ eager	□ interest	□ popular	□ special
□ allow	□ clap	□ escape	□ jewel	□ pride	□ straw
□ area	□ collect	□ fail	□ level	□ reason	□ surprise
□ bacteria	□ company	□ fist	□ manage	□ response	□ tap
□ battery	□ control	□ forward	□ mission	□ rough	□ thief
□ bit	□ coupon	□ gallery	□ muscle	□ safety	□ trash
□ border	□ culture	□ greenhouse	□ noodle	□ second	□ union
□ bullet	□ decide	□ herb	□ operate	□ serve	□ voice
□ campaign	□ dig	□ hoop	□ pat	□ silent	□ weed
□ cell	□ double	□ idiom	□ plastic	□ sleepy	□ wonder

Date: /   Signature:

New words

- ☐ **adult** [ədʌ́lt]   명 성인, 어른
- ☐ **allow** [əláu]   동 허락하다
- ☐ **area** [ɛ́əriə]   명 구역, 지역
- ☐ **bacteria** [bæktíəriə]   명 박테리아, 세균
- ☐ **battery** [bǽtəri]   명 배터리, 전지
- ☐ **bit** [bit]   명 소량, 조금
- ☐ **border** [bɔ́:rdər]   명 국경, 경계
- ☐ **bullet** [búlit]   명 탄알
- ☐ **campaign** [kæmpéin]   명 캠페인, 선거 운동
- ☐ **cell** [sel]   명 독방, 세포

Practice

adult

allow

area

bacteria

battery

bit

border

bullet

campaign

cell

Sentences

1. adult

Only **adults** can buy alcohol here.
여기서는 성인만이 술을 살 수 있다.

2. allow

Dad **allowed** me to watch the movie.
아빠는 내게 그 영화를 보도록 허락했다.

3. area

The restaurant has a nonsmoking **area**.
레스토랑에는 금연 구역이 있다.

4. bacteria

He was infected with **bacteria**.
그는 세균에 감염되었다.

5. battery

The radio needs new **batteries**.
라디오에 새 배터리를 넣어야 한다.

6. bit

He looked a **bit** tired.
그는 조금 피곤해 보였다.   · a bit 조금, 약간

7. border

You need a passport to cross the **border**.
국경을 넘기 위해서는 여권이 필요하다.

8. bullet

A **bullet** passed by his ear.
총알이 그의 귀를 스치고 갔다.

9. campaign

They are conducting a **campaign** in the street.
그들은 거리에서 캠페인을 벌이고 있다.

10. cell

The police put the thief in the **cell**.
경찰은 그 도둑을 독방에 집어넣었다.

Memory Box Unit 18

실을 내다 , 잣다
채우다, 메우다
시스템, 체제
다루다, 대우하다
십대, 틴에이저
흙, 토양
가치, 가격
철사, 전선
파도, 물결
도구, 연장

Check-up Unit 19

bacteria
adult
bullet
cell
bit
allow
border
campaign
area
battery

Date: /   Signature:

New words

- ☐ **chew** [tʃuː]　　　동 씹다
- ☐ **clap** [klæp]　　　동 (손뼉을) 치다
- ☐ **collect** [kəlékt]　　동 모으다
- ☐ **company** [kʌ́mpəni]　명 회사, 교제
- ☐ **control** [kəntróul]　동 통제하다, 억제하다
- ☐ **coupon** [kjúːpɑn]　　명 쿠폰, 우대권
- ☐ **culture** [kʌ́ltʃər]　　명 문화, 교양
- ☐ **decide** [disáid]　　　동 결정하다, 결심하다
- ☐ **dig** [dig]　　　　　동 파다
- ☐ **double** [dʌ́bəl]　　　형 두 배의, 두 겹의

Practice

chew

clap

collect

company

control

coupon

culture

decide

dig

double

Sentences

1. **chew**

The dog **chewed** a hole in my shoe.
개가 내 신발을 씹어 구멍을 냈다.

2. **clap**

Clap your hands three times.
손뼉을 세 번 쳐라.

3. **collect**

She **collected** seashells at the beach.
그녀는 바닷가에서 조가비를 모았다.   · collection 수집

4. **company**

She works for a foreign **company** in Seoul.
그녀는 서울에 있는 외국 회사에서 일한다.

5. **control**

She couldn't **control** her anger.
그녀는 노여움을 억제할 수가 없었다.

6. **coupon**

I cut out the **coupon** in the box.
나는 박스에 있는 쿠폰을 오려냈다.

7. **culture**

I studied the **culture** of the Inuit.
나는 에스키모 문화를 연구했다.   · cultural 문화의

8. **decide**

I **decided** to go to college.
나는 대학에 가기로 결정했다.   · decision 결정, 결심

9. **dig**

I **dug** the garden before I planted the seeds.
나는 씨앗을 심기 전에 정원을 팠다.   · dig-dug-dug

10. **double**

I had a **double** cheeseburger.
나는 더블 치즈버거를 먹었다.

Unit 19
Memory Box

허락하다
구역, 지역
박테리아, 세균
성인, 어른
독방, 세포
배터리, 전지
탄알
소량, 조금
캠페인, 선거 운동
국경, 경계

Unit 20
Check-up

coupon
dig
culture
decide
chew
clap
collect
double
company
control

Date: /

Signature:

New words

- [ ] **eager** [íːgər] 형 간절히 바라는 _____
- [ ] **escape** [iskéip] 동 달아나다 _____
- [ ] **fail** [feil] 동 실패하다, 떨어지다 _____
- [ ] **fist** [fist] 명 주먹 _____
- [ ] **forward** [fɔ́ːrwərd] 부 앞으로 _____
- [ ] **gallery** [gǽləri] 명 화랑, 미술관 _____
- [ ] **greenhouse** [gríːnhàus] 명 온실 _____
- [ ] **herb** [həːrb] 명 약용 식물, 풀잎 _____
- [ ] **hoop** [hup] 명 테, 후프 _____
- [ ] **idiom** [ídiəm] 명 숙어, 관용구 _____

Practice

eager			
escape			
fail			
fist			
forward			
gallery			
greenhouse			
herb			
hoop			
idiom			

Sentences

1. **eager**

   The children were **eager** to go to the circus.
   아이들은 서커스에 가기를 몹시 바랐다.   · eagerly 간절히

2. **escape**

   The bird **escaped** from the cage.
   새가 새장에서 도망쳤다.

3. **fail**

   Mom **failed** her driving test again.
   엄마는 또다시 운전 시험에 떨어졌다.   · failure 실패

4. **fist**

   He banged on the door with his **fist**.
   그는 주먹으로 문을 꽝꽝 쳤다.

5. **forward**

   She moved **forward** to see better.
   그녀는 더 잘 보려고 앞으로 움직였다.   · backward 뒤로

6. **gallery**

   We visited the art **galleries** in Paris.
   우리는 파리에 있는 미술관을 방문했다.

7. **greenhouse**

   We are growing lettuce in the **greenhouse**.
   우리는 온실에서 상추를 기르고 있다.

8. **herb**

   They are growing **herbs** to use in medicine.
   그들은 약에 쓸 식물을 재배하고 있다.

9. **hoop**

   Dolphins jumped through **hoops**.
   돌고래들이 점프를 해서 후프를 통과했다.

10. **idiom**

    I have to study for the **idiom** test tomorrow.
    나는 내일 숙어 테스트가 있어 공부해야 한다.

Unit 20
Memory Box

모으다
파다
회사, 교제
씹다
통제하다, 억제하다
쿠폰, 우대권
(손뼉을) 치다
결정하다, 결심하다
두 배의, 두 겹의
문화, 교양

Unit 21
Check-up

idiom
fail
eager
fist
escape
forward
greenhouse
herb
gallery
hoop

···▶ Dictation Test 7을 위해 112페이지로 이동해 주세요.

Date: / Signature:

New words

- ☐ **interest** [íntərist] 명 흥미, 관심 ─────────●
- ☐ **jewel** [dʒúːəl] 명 보석 ─────────●
- ☐ **level** [lévəl] 명 수준, 표준 ─────────●
- ☐ **manage** [mǽnidʒ] 동 다루다, 관리하다 ─────────●
- ☐ **mission** [míʃən] 명 임무, 특명 ─────────●
- ☐ **muscle** [mʌ́səl] 명 근육, 힘줄 ─────────●
- ☐ **noodle** [núːdl] 명 국수 ─────────●
- ☐ **operate** [ápərèit] 동 작동하다, 움직이다 ─────────●
- ☐ **pat** [pæt] 동 가볍게 두드리다 ─────────●
- ☐ **plastic** [plǽstik] 명 형 플라스틱(의) ─────────●

Practice

- interest ─────────●
- jewel ─────────●
- level ─────────●
- manage ─────────●
- mission ─────────●
- muscle ─────────●
- noodle ─────────●
- operate ─────────●
- pat ─────────●
- plastic ─────────●

Sentences

1. **interest**

   Mom doesn't have any **interest** in soccer.
   엄마는 축구에 아무런 흥미가 없다.
   · interesting 흥미 있는

2. **jewel**

   The crown was decorated with **jewels**.
   그 왕관은 보석들로 장식되어 있었다.
   · jewelry 보석류

3. **level**

   What is your **level** in the English course?
   너는 영어 코스의 몇 레벨이니?

4. **manage**

   The boss was good at **managing** people.
   그 상사는 사람들을 잘 다루었다.
   · management 취급, 관리

5. **mission**

   They were sent on a **mission** to the moon.
   그들은 임무를 띠고 달에 보내졌다.

6. **muscle**

   My **muscles** are aching after the game.
   경기 후에 나는 근육이 아프다.

7. **noodle**

   We had **noodles** for lunch.
   우리는 점심으로 국수를 먹었다.

8. **operate**

   It is easy to **operate** this machine.
   이 기계를 조작하는 것은 쉽다.
   · operation 조작, 운영

9. **pat**

   The teacher **patted** him on the shoulder.
   선생님은 그의 어깨를 두드렸다.

10. **plastic**

    She put some bread into a **plastic** bag.
    그녀는 비닐 봉지에 빵을 약간 넣었다.

Unit 21
Memory Box

달아나다
실패하다, 떨어지다
간절히 바라는
주먹
테, 후프
화랑, 미술관
온실
숙어, 관용구
앞으로
약용 식물, 풀잎

Unit 22
Check-up

mission
interest
jewel
level
manage
noodle
operate
pat
muscle
plastic

Date: /   Signature:

New words

- ☐ **popular** [pápjələr]   형 인기 있는, 대중적인   _____
- ☐ **pride** [praid]   명 자랑, 자만심   _____
- ☐ **reason** [ríːzən]   명 이유, 까닭   _____
- ☐ **response** [rispάns]   명 대답, 응답   _____
- ☐ **rough** [rʌf]   형 거친, 험악한   _____
- ☐ **safety** [séifti]   명 안전, 무사   _____
- ☐ **second** [sékənd]   형 둘째의, 제2의   _____
- ☐ **serve** [səːrv]   동 (음식을) 차려내다, 봉사하다   _____
- ☐ **silent** [sáilənt]   형 침묵을 지키는   _____
- ☐ **sleepy** [slíːpi]   형 졸린   _____

Practice

popular   _____
pride   _____
reason   _____
response   _____
rough   _____
safety   _____
second   _____
serve   _____
silent   _____
sleepy   _____

Sentences

1. popular
The song is **popular** among the young.
그 노래는 젊은이들 사이에 인기가 있다.　　　　　· popularity 인기

2. pride
He showed us his painting with **pride**.
그는 우리에게 자랑스럽게 자기 그림을 보여주었다.　　· proud 자랑으로 여기는

3. reason
Is there any **reason** why you were late?
네가 늦은 어떤 이유라도 있니?

4. response
I didn't have any **response** from her.
나는 그녀에게서 어떤 대답도 못 받았다.　　　　· respond 대답하다

5. rough
We drove along the **rough** road.
우리는 울퉁불퉁한 길을 따라 운전을 했다.

6. safety
He was worried about his wife's **safety**.
그는 자기 아내의 안전을 걱정했다.　　　　　　· safe 안전한

7. second
My brother is in the **second** grade.
내 남동생은 2학년이다.

8. serve
Dinner is **served** from 7 to 9 p.m.
저녁은 오후 7시부터 9시까지 제공된다.　　　· service 서비스, 접대

9. silent
The children remained **silent** during the play.
아이들은 연극 동안에 조용하게 있었다.　　　　· silence 침묵

10. sleepy
Her long story made us **sleepy**.
그녀의 긴 이야기가 우리를 졸리게 했다.

Memory Box
Unit 22

다루다, 관리하다
근육, 힘줄
가볍게 두드리다
플라스틱(의)
임무, 특명
흥미, 관심
국수
작동하다, 움직이다
보석
수준, 표준

Check-up
Unit 23

safety
rough
second
popular
serve
reason
silent
pride
sleepy
response

Date: /　Signature:

New words

- □ **special** [spéʃəl]　형 특별한
- □ **straw** [strɔ:]　명 짚, 밀짚
- □ **surprise** [sərpráiz]　명 놀람　동 놀라게 하다
- □ **tap** [tæp]　동 가볍게 두드리다
- □ **thief** [θi:f]　명 도둑, 절도범
- □ **trash** [træʃ]　명 쓰레기
- □ **union** [jú:njən]　명 결합, 단결
- □ **voice** [vɔis]　명 목소리, 음성
- □ **weed** [wi:d]　명 잡초
- □ **wonder** [wʌ́ndər]　동 의아하게 여기다

Practice

special

straw

surprise

tap

thief

trash

union

voice

weed

wonder

Sentences

1. special

I have something **special** to tell you.

나는 너에게 특별히 말할 것이 있다.   · specially 특히

2. straw

The little pig built a house of **straw**.

어린 돼지는 짚으로 집을 지었다.

3. surprise

He looked at me in **surprise**.

그는 놀라서 나를 보았다.

4. tap

She **tapped** me on the shoulder.

그녀는 나의 어깨를 톡톡 두드렸다.

5. thief

A **thief** stole my father's car.

도둑이 우리 아버지 차를 훔쳐갔다.

6. trash

He threw the paper into the **trash** can.

그는 종이를 쓰레기통에 던졌다.

7. union

Union gives strength.

단결은 힘이다.

8. voice

She has a very soft **voice**.

그녀의 목소리는 아주 부드럽다.

9. weed

We pulled the **weeds** out of our garden.

우리는 정원의 잡초를 뽑았다.

10. wonder

I **wonder** why he didn't come.

그가 왜 안 왔는지 궁금하다.

Unit 23

Memory Box

이유, 까닭
인기 있는, 대중적인
자랑, 자만심
안전, 무사
대답, 응답
둘째의, 제2의
졸린
거친, 험악한
침묵을 지키는
(음식을) 차려내다, 봉사하다

Unit 24

Check-up

tap
special
thief
straw
trash
union
voice
weed
surprise
wonder

····▶ Dictation Test 8을 위해 113페이지로 이동해 주세요.

Signature:　　Score:
/ 50

A Write down the meanings of the English words.

1. allow

2. wonder

3. campaign

4. trash

5. culture

6. straw

7. fail

8. safety

9. idiom

10. pat

11. manage

12. jewel

13. reason

14. herb

15. sleepy

16. double

17. tap

18. clap

19. voice

20. bit

B Write the English words for the Korean.

1. 성인, 어른

2. 잡초

3. 탄알

4. 도둑, 절도범

5. 모으다

6. 특별한

7. 달아나다

8. 대답, 응답

9. 테, 후프

10. 근육, 힘줄

11. 수준, 표준

12. 흥미, 관심

13. 자랑, 자만심

14. 주먹

15. 침묵을 지키는

16. 결정하다

17. 놀람

18. 씹다

19. 결합, 단결

20. 박테리아

C Choose the right words to fill in the blanks.

| forward | operate | control | mission | rough |
| border | company | popular | area | eager |

1. The restaurant has a nonsmoking _____.

2. You need a passport to cross the _____.

3. She works for a foreign _____ in Seoul.

4. She couldn't _____ her anger.

5. The children were _____ to go to the circus.

6. She moved _____ to see better.

7. They were sent on a _____ to the moon.

8. It is easy to _____ this machine.

9. The song is _____ among the young.

10. We drove along the _____ road.

···▶ Online Test 2를 위해 119페이지로 이동해 주세요.

WORD SCIENCE

Part 5

Unit 25	Unit 26	Unit 27	Unit 28	Unit 29	Unit 30
□ activity	□ channel	□ duty	□ insect	□ poem	□ solve
□ alarm	□ choice	□ envy	□ iron	□ present	□ stadium
□ apart	□ coal	□ extra	□ least	□ rate	□ success
□ attack	□ common	□ festival	□ magazine	□ require	□ tailor
□ bark	□ contest	□ fold	□ midnight	□ root	□ textbook
□ bend	□ couch	□ fuse	□ more	□ rude	□ trade
□ boil	□ crop	□ goal	□ noisy	□ scene	□ trouble
□ broadcast	□ custom	□ healthy	□ officer	□ sense	□ vet
□ calm	□ dew	□ honest	□ part	□ shine	□ weather
□ cause	□ divide	□ human	□ pill	□ skin	□ within

Part 5

| Date: | Signature: |

New words

- ☐ **activity** [æktívəti]   명 활동
- ☐ **alarm** [əlá:rm]   명 놀람, 경보
- ☐ **apart** [əpá:rt]   부 떨어져서
- ☐ **attack** [ətǽk]   동 공격하다
- ☐ **bark** [bɑ:rk]   동 (개가) 짖다
- ☐ **bend** [bend]   동 굽히다, 구부리다
- ☐ **boil** [bɔil]   동 끓다, 끓이다
- ☐ **broadcast** [brɔ́:dkæst]   동 방송하다
- ☐ **calm** [kɑ:m]   형 고요한, 잔잔한
- ☐ **cause** [kɔ:z]   명 원인

Practice

activity

alarm

apart

attack

bark

bend

boil

broadcast

calm

cause

Sentences

1. **activity**
He takes part in many school **activities**.
그는 학교 활동에 많이 참여한다.   · active 활동적인

2. **alarm**
He jumped out of bed in **alarm**.
그는 깜짝 놀라 침대에서 뛰어나왔다.

3. **apart**
His mother and father live **apart**.
그의 어머니와 아버지는 따로 사신다.

4. **attack**
The army **attacked** the village at night.
군대가 밤에 마을을 공격했다.

5. **bark**
The dog **barked** at the stranger.
개가 낯선 사람을 보고 짖었다.   · bark 나무껍질

6. **bend**
Can you **bend** over and touch your toes?
허리를 구부려서 발가락에 닿을 수 있니?

7. **boil**
I **boiled** water for a cup of coffee.
나는 커피 한 잔을 마시려고 물을 끓였다.

8. **broadcast**
The BBC **broadcasts** the news at 9 p.m.
BBC는 오후 9시에 뉴스를 방영한다.

9. **calm**
The ocean was **calm** after the storm.
폭풍이 지난 후 바다는 잔잔했다.

10. **cause**
Bad driving was the **cause** of the accident.
난폭한 운전이 사고의 원인이었다.

Unit 24 — Memory Box

| 놀람, 놀라게 하다 |
| 특별한 |
| 가볍게 두드리다 |
| 도둑, 절도범 |
| 잡초 |
| 짚, 밀짚 |
| 쓰레기 |
| 목소리, 음성 |
| 의아하게 여기다 |
| 결합, 단결 |

Unit 25 — Check-up

| cause |
| alarm |
| bark |
| activity |
| bend |
| apart |
| boil |
| attack |
| broadcast |
| calm |

Date:	Signature:
/	

New words

- [ ] **channel** [tʃǽnl]　명 채널
- [ ] **choice** [tʃɔis]　명 선택
- [ ] **coal** [koul]　명 석탄
- [ ] **common** [kámən]　형 평범한, 보통의
- [ ] **contest** [kántest]　명 경쟁, 콘테스트
- [ ] **couch** [kautʃ]　명 침상, 소파
- [ ] **crop** [krɑp]　명 수확, 농작물
- [ ] **custom** [kʌ́stəm]　명 풍습, 관습
- [ ] **dew** [dju:]　명 이슬
- [ ] **divide** [diváid]　동 나누다

Practice

- channel
- choice
- coal
- common
- contest
- couch
- crop
- custom
- dew
- divide

Track 26

Sentences

1. channel
He changed the **channel** to a comedy.
그는 채널을 코미디로 바꾸었다.

2. choice
She married him of her own **choice**.
그녀는 스스로 선택해서 그와 결혼했다.   · choose 선택하다

3. coal
They cooked food over the hot **coals**.
그들은 뜨거운 석탄 위에서 음식을 요리했다.

4. common
John is a **common** name in America.
존은 미국에서 흔한 이름이다.   · commonly 흔히

5. contest
He won a medal in a speech **contest**.
그는 스피치 콘테스트에서 메달을 땄다.   · contestant 경쟁자

6. couch
A kitten was sleeping on the **couch**.
새끼 고양이 한 마리가 침상에서 자고 있었다.

7. crop
The rice **crop** was poor last year.
쌀 수확이 작년에는 좋지 않았다.

8. custom
It is a **custom** to bow to the old.
노인들에게 고개 숙여 절하는 것은 하나의 풍습이다.

9. dew
The grass was wet with **dew** in the morning.
풀은 아침 이슬로 젖어 있었다.

10. divide
She **divided** the cake into six pieces.
그녀는 케이크를 여섯 조각으로 나누었다.   · division 분할

Unit 25

Memory Box

놀람, 경보
떨어져서
(개가) 짖다
굽히다, 구부리다
공격하다
활동
끓다, 끓이다
방송하다
원인
고요한, 잔잔한

Unit 26

Check-up

couch
common
contest
divide
crop
custom
dew
channel
choice
coal

Date: /   Signature:

New words

- [ ] **duty** [djú:ti]　명 의무
- [ ] **envy** [énvi]　동 부러워하다
- [ ] **extra** [ékstrə]　형 여분의, 임시의
- [ ] **festival** [féstəvəl]　명 축제, 잔치
- [ ] **fold** [fould]　동 접다
- [ ] **fuse** [fju:z]　명 퓨즈, 도화선
- [ ] **goal** [goul]　명 골, 목적
- [ ] **healthy** [hélθi]　형 건강한
- [ ] **honest** [ánist]　형 정직한
- [ ] **human** [hjú:mən]　형 인간의, 사람의

Practice

duty

envy

extra

festival

fold

fuse

goal

healthy

honest

human

Sentences

1. duty

It's your **duty** to look after the cat.
고양이를 돌보는 것이 너의 의무이다.
· dutiful 충실한

2. envy

He **envied** me for my good fortune.
그는 나의 행운을 부러워했다.
· envious 부러워하는

3. extra

I put an **extra** blanket on the bed.
나는 침대에 여분의 담요를 놓아두었다.

4. festival

The city holds a **festival** every fall.
그 도시는 매년 가을에 축제를 연다.

5. fold

He **folded** the letter two times.
그는 편지를 두 번 접었다.

6. fuse

You need to change the **fuse**.
너는 퓨즈를 갈아야만 한다.

7. goal

He kicked the ball into the **goal**.
그는 공을 골대로 차 넣었다.

8. healthy

The old lady looked **healthy**.
그 나이 많은 숙녀는 건강해 보였다.
· health 건강

9. honest

She looks like an **honest** person.
그녀는 정직한 사람처럼 보인다.
· honesty 정직

10. human

The accident was caused by **human** error.
그 사고는 사람의 실수로 일어났다.

Unit 26

Memory Box

풍습, 관습
이슬
채널
평범한, 보통의
경쟁, 콘테스트
수확, 농작물
나누다
석탄
선택
침상, 소파

Unit 27

Check-up

honest
goal
healthy
human
fold
envy
duty
fuse
extra
festival

···▶ Dictation Test 9를 위해 114페이지로 이동해 주세요.

Date: /　　　Signature:

New words

- ☐ **insect** [ínsekt]　명 곤충　_____
- ☐ **iron** [áiərn]　명 철, 철제　_____
- ☐ **least** [li:st]　명 최소, 최저　_____
- ☐ **magazine** [mǽgəzíːn]　명 잡지　_____
- ☐ **midnight** [mídnàit]　명 한밤중, 자정　_____
- ☐ **more** [mɔːr]　형 더 많은　_____
- ☐ **noisy** [nɔ́izi]　형 시끄러운　_____
- ☐ **officer** [ɔ́(ː)fisər]　명 장교, 공무원　_____
- ☐ **part** [pɑːrt]　명 일부, 부분　_____
- ☐ **pill** [pil]　명 알약　_____

Practice

insect			
iron			
least			
magazine			
midnight			
more			
noisy			
officer			
part			
pill			

WORD SCIENCE ▶▶▶

Sentences

1. insect

Ants and flies are **insects**.
개미와 파리는 곤충이다.

2. iron

The gates are made of **iron**.
그 문들은 철로 만들어져 있다.

3. least

You must sleep at **least** 7 hours.
너는 적어도 7시간을 자야 한다.
· at least 적어도

4. magazine

My father is reading a golf **magazine**.
아버지께서는 골프 잡지를 읽고 계신다.

5. midnight

You have to go to bed before **midnight**.
자정 전에는 잠자리에 들어야 한다.

6. more

Mom earns **more** money than Dad.
엄마가 아빠보다 돈을 더 많이 버신다.

7. noisy

He was so **noisy** during the class.
그는 수업 시간에 너무 시끄러웠다.
· noise 소음

8. officer

The **officer** ordered his soldiers to fire.
장교는 병사들에게 사격 명령을 내렸다.

9. part

The last **part** of the movie was best.
그 영화의 마지막 부분이 최고였다.

10. pill

Take these **pills** three times a day.
이 알약을 하루에 세 번 먹어라.

Unit 27
Memory Box

축제, 잔치
접다
의무
퓨즈, 도화선
골, 목적
건강한
정직한
인간의, 사람의
부러워하다
여분의, 임시의

Unit 28
Check-up

noisy
officer
part
magazine
pill
insect
iron
more
least
midnight

Date: /　Signature:

New words

- ☐ **poem** [póuim]　명 시, 운문
- ☐ **present** [prézənt]　형 출석한
- ☐ **rate** [reit]　명 비율, 요금
- ☐ **require** [rikwáiər]　동 요구하다
- ☐ **root** [ruːt]　명 뿌리
- ☐ **rude** [ruːd]　형 버릇없는, 무례한
- ☐ **scene** [siːn]　명 장면, 현장
- ☐ **sense** [sens]　명 감각, 직감
- ☐ **shine** [ʃain]　동 빛나다
- ☐ **skin** [skin]　명 피부, 가죽

Practice

poem

present

rate

require

root

rude

scene

sense

shine

skin

WORD SCIENCE

▶▶▶

Sentences

1. **poem**

I'm writing a **poem** about happiness.

나는 행복에 대해서 시를 한 편 쓰고 있다.

· poet 시인

2. **present**

I was **present** at the opening ceremony.

나는 그 개회식에 참석했다.

3. **rate**

The birth **rate** decreased last year.

출생률이 작년에 감소했다.

4. **require**

They **required** me to finish the work by Friday.

그들은 금요일까지 그 일을 끝내도록 내게 요구했다.

· requirement 요구

5. **root**

The corn seeds took **roots** and grew quickly.

그 옥수수 씨앗은 뿌리를 내리고 빨리 성장했다.

6. **rude**

His **rude** behavior made me angry.

그의 무례한 행동이 나를 화나게 했다.

· polite 공손한

7. **scene**

The police arrived at the **scene** of the crime.

경찰이 범죄 현장에 도착했다.

8. **sense**

Dogs have a good **sense** of smell.

개는 후각이 좋다.

9. **shine**

The sun was **shining** above the mountain.

태양이 산 위로 반짝이고 있었다.

10. **skin**

Strong sunlight is harmful to the **skin**.

강한 햇빛은 피부에 해롭다.

Unit 28

Memory Box

더 많은
시끄러운
장교, 공무원
곤충
철, 철제
최소, 최저
일부, 부분
알약
잡지
한밤중, 자정

Unit 29

Check-up

root
scene
rude
sense
poem
rate
shine
present
skin
require

Date: /

Signature:

New words 📖

- [ ] **solve** [sɑlv]　동 풀다, 해결하다
- [ ] **stadium** [stéidiəm]　명 스타디움
- [ ] **success** [səksés]　명 성공
- [ ] **tailor** [téilər]　명 재봉사, 재단사
- [ ] **textbook** [tékstbùk]　명 교과서
- [ ] **trade** [treid]　동 거래하다 명 무역
- [ ] **trouble** [trʌbəl]　명 고생, 근심
- [ ] **vet** [vet]　명 수의사
- [ ] **weather** [wéðər]　명 날씨, 기후
- [ ] **within** [wiðín]　전 …안에, …이내에

Practice ✏️

solve

stadium

success

tailor

textbook

trade

trouble

vet

weather

within

Sentences

1. **solve**

   I **solved** all math problems correctly.
   나는 수학 문제를 모두 정확하게 풀었다.
   · solution 해결

2. **stadium**

   They built a soccer **stadium** in Seoul.
   그들은 서울에 축구 경기장을 지었다.

3. **success**

   There is no hope of **success**.
   성공의 가망성이 없다.
   · succeed 성공하다

4. **tailor**

   The **tailor** makes the man.
   옷이 날개.

5. **textbook**

   I left my English **textbook** at home.
   나는 영어 교과서를 집에 놓고 왔다.

6. **trade**

   I **traded** an old car for a new one.
   나는 낡은 차를 새 차와 교환했다.

7. **trouble**

   I have a lot of **trouble** finding the book.
   나는 그 책을 찾느라고 많이 고생한다.

8. **vet**

   The **vet** treated my poor puppy.
   수의사가 내 불쌍한 강아지를 치료했다.
   · veterinarian 수의사

9. **weather**

   The **weather** was perfect for a picnic.
   피크닉 가기에 완벽한 날씨였다.

10. **within**

    I will be back **within** an hour.
    한 시간 이내에 돌아오겠다.

Unit 29
Memory Box

빛나다
피부, 가죽
장면, 현장
시, 운문
출석한
뿌리
버릇없는, 무례한
감각, 직감
비율, 요금
요구하다

Unit 30
Check-up

trade
weather
solve
trouble
vet
stadium
textbook
within
success
tailor

···▶ Dictation Test 10을 위해 115페이지로 이동해 주세요.

Signature:

Score: / 50

A Write down the meanings of the English words.

1. apart

2. within

3. cause

4. trade

5. custom

6. stadium

7. envy

8. root

9. human

10. part

11. noisy

12. iron

13. present

14. healthy

15. shine

16. divide

17. tailor

18. coal

19. vet

20. bend

B Write the English words for the Korean.

1. 활동

2. 날씨, 기후

3. 끓다, 끓이다

4. 교과서

5. 침상, 소파

6. 풀다

7. 의무

8. 요구하다

9. 정직한

10. 장교, 공무원

11. 한밤중

12. 곤충

13. 시, 운문

14. 축제, 잔치

15. 감각, 직감

16. 이슬

17. 성공

18. 선택

19. 고생, 근심

20. 공격하다

C Choose the right words to fill in the blanks.

extra	crop	rude	least	rate
goal	alarm	common	more	calm

1. He jumped out of bed in _____.

2. The ocean was _____ after the storm.

3. John is a _____ name in America.

4. The rice _____ was poor last year.

5. I put an _____ blanket on the bed.

6. He kicked the ball into the _____.

7. You must sleep at _____ 7 hours.

8. Mom earns _____ money than Dad.

9. The birth _____ decreased last year.

10. His _____ behavior made me angry.

WORD SCIENCE

Part 6

Unit 31	Unit 32	Unit 33	Unit 34	Unit 35	Unit 36
□ advice	□ chief	□ edge	□ interested	□ possible	□ speech
□ already	□ clay	□ especially	□ jog	□ prison	□ stream
□ argue	□ college	□ fairy	□ link	□ receive	□ sweep
□ bakery	□ compass	□ fit	□ melt	□ rid	□ tax
□ beard	□ conversation	□ frame	□ model	□ row	□ tin
□ bite	□ court	□ garage	□ neat	□ sail	□ tray
□ bored	□ cure	□ guard	□ novel	□ seek	□ university
□ butterfly	□ desert	□ hero	□ opinion	□ shake	□ vote
□ cane	□ direct	□ however	□ pattern	□ simple	□ weigh
□ challenge	□ dove	□ image	□ plate	□ smog	□ wrap

Date: /

Signature:

New words

☐ **advice** [ədváis] 　명 충고, 조언

☐ **already** [ɔ:lrédi] 　부 이미, 벌써

☐ **argue** [á:rgju:] 　동 논하다, 논쟁하다

☐ **bakery** [béikəri] 　명 제과점

☐ **beard** [biərd] 　명 (턱) 수염

☐ **bite** [bait] 　명 물린 상처, 묾 동 물다

☐ **bored** [bɔ:rd] 　형 지루한, 싫증나는

☐ **butterfly** [bʌ́tərflài] 　명 나비

☐ **cane** [kein] 　명 지팡이

☐ **challenge** [tʃǽlindʒ] 　명 도전

Practice

advice

already

argue

bakery

beard

bite

bored

butterfly

cane

challenge

WORD SCIENCE

▶▶▶

Sentences

1. advice
Take my **advice** and stay in bed.
내 충고를 듣고 침대에 있어라.
· advise 충고하다

2. already
I've **already** read the novel.
나는 이미 그 소설을 읽었다.

3. argue
She **argued** with her mother.
그녀는 어머니와 말다툼했다.
· argument 논의

4. bakery
There is a **bakery** at the corner.
모퉁이에 제과점이 하나 있다.
· baker 빵 굽는 사람

5. beard
Mr. John is a fat man with a **beard**.
존 선생님은 턱수염을 기른 뚱뚱한 사람이다.

6. bite
She had a mosquito **bite** on her nose.
그녀는 코에 모기 물린 자국이 있었다.

7. bored
I was **bored** with his jokes.
나는 그의 농담에 싫증이 났었다.
· bore 싫증나게 하다

8. butterfly
Butterflies are flying around the flowers.
나비들이 꽃 주위를 날고 있다.

9. cane
He used a **cane** after he hurt his ankle.
그는 발목을 다친 후에 지팡이를 사용했다.

10. challenge
Climbing Mt. Everest is a **challenge**.
에베레스트 산을 오르는 것은 하나의 도전이다.

Unit 30

Memory Box

교과서
거래하다, 무역
날씨, 기후
스타디움
성공
고생, 근심
수의사
재봉사, 재단사
…안에, …이내에
풀다, 해결하다

Unit 31

Check-up

cane
bored
challenge
butterfly
advice
bakery
already
beard
argue
bite

Date: /   Signature:

New words

- ☐ **chief** [tʃiːf]   형 주요한 _____
- ☐ **clay** [klei]   명 찰흙, 점토 _____
- ☐ **college** [kálidʒ]   명 단과대학 _____
- ☐ **compass** [kʌ́mpəs]   명 나침반, 컴퍼스 _____
- ☐ **conversation** [kànvərséiʃən]   명 대화, 회화 _____
- ☐ **court** [kɔːrt]   명 코트, 안뜰, 법정 _____
- ☐ **cure** [kjuər]   명 동 치료(하다) _____
- ☐ **desert** [dézəːrt]   명 사막 _____
- ☐ **direct** [dirékt]   동 길을 가리키다 _____
- ☐ **dove** [dʌv]   명 비둘기 _____

Practice

chief			
clay			
college			
compass			
conversation			
court			
cure			
desert			
direct			
dove			

Sentences

1. **chief**

   Rice is the **chief** food of Koreans.
   쌀은 한국인의 주식이다.

2. **clay**

   She made a fish out of **clay**.
   그녀는 점토로 물고기를 만들었다.

3. **college**

   My sister went to **college** last year.
   우리 언니가 작년에 대학에 갔다.

4. **compass**

   The needle in a **compass** always points to north.
   나침반의 바늘은 항상 북쪽을 가리킨다.

5. **conversation**

   They had a **conversation** with each other.
   그들은 서로 대화를 나누었다.   · converse 서로 이야기하다

6. **court**

   They built a new tennis **court**.
   그들은 새로 테니스 코트를 지었다.

7. **cure**

   The doctor **cured** the boy's cold.
   의사가 그 남자아이의 감기를 치료했다.

8. **desert**

   Few plants grow in the **desert**.
   사막에서는 식물이 거의 자라지 않는다.

9. **direct**

   Can you **direct** me to the station?
   정거장으로 가는 길을 가리켜 주실래요?

10. **dove**

    A **dove** is the symbol of peace.
    비둘기는 평화의 상징이다.

Unit 31
Memory Box

충고, 조언
물린 상처, 묾, 물다
도전
지루한, 싫증나는
나비
이미, 벌써
논하다, 논쟁하다
지팡이
제과점
(턱)수염

Unit 32
Check-up

court
cure
compass
desert
chief
dove
clay
conversation
direct
college

New words

- [ ] **edge** [edʒ] 명 가장자리, 모서리
- [ ] **especially** [ispéʃəli] 부 특히, 특별히
- [ ] **fairy** [fɛ́əri] 명 요정
- [ ] **fit** [fit] 동 맞다 형 알맞은
- [ ] **frame** [freim] 명 틀, 뼈대, 구조
- [ ] **garage** [ɡərɑ́:ʒ] 명 차고
- [ ] **guard** [gɑ:rd] 동 지키다, 경계하다
- [ ] **hero** [hí:rou] 명 영웅, 위인
- [ ] **however** [hauévər] 접 하지만, 그러나
- [ ] **image** [ímidʒ] 명 모습, 모양, 꼭 닮음

Practice

edge

especially

fairy

fit

frame

garage

guard

hero

however

image

Sentences

1. **edge**

   She sat on the **edge** of the bed.
   그녀는 침대 끝에 앉았다.

2. **especially**

   He **especially** loves her sweet voice.
   그는 그녀의 달콤한 목소리를 특히 좋아한다.

3. **fairy**

   Tinkerbell is a **fairy** in 'Peter Pan'.
   팅커벨은 피터팬에 나오는 요정이다.

4. **fit**

   The small sweater doesn't **fit** her.
   그 작은 스웨터는 그녀에게 맞지 않는다.

5. **frame**

   The football player has a large **frame**.
   그 축구 선수는 커다란 체격을 갖고 있다.

6. **garage**

   My father drove the car into the **garage**.
   아버지는 자동차를 차고로 몰고 갔다.

7. **guard**

   The police **guard** the doors of the building.
   경찰이 건물의 문을 지킨다.

8. **hero**

   The soccer player became a **hero** overnight.
   그 축구 선수는 하룻밤에 영웅이 되었다.   · heroine 여장부

9. **however**

   He is poor, **however** he is happy.
   그는 가난하지만 행복하다.

10. **image**

    The girl is the **image** of her mother.
    그 소녀는 어머니를 꼭 닮았다.

Unit 32

Memory Box

사막
길을 가리키다
비둘기
치료(하다)
주요한
대화, 회화
코트, 안뜰, 법정
찰흙, 점토
단과대학
나침반, 컴퍼스

Unit 33

Check-up

frame
garage
especially
guard
hero
edge
fairy
however
fit
image

⋯→ Dictation Test 11을 위해 116페이지로 이동해 주세요.

Date: / 　　Signature:

New words

- ☐ **interested** [íntəristid] 형 관심이 있는 　　————————•
- ☐ **jog** [dʒɑg] 동 조깅하다 　　————————•
- ☐ **link** [liŋk] 동 잇다, 관련 짓다 　　————————•
- ☐ **melt** [melt] 동 녹다 　　————————•
- ☐ **model** [mɑ́dl] 명 모형, 모델, 모범 　　————————•
- ☐ **neat** [ni:t] 형 깔끔한, 단정한 　　————————•
- ☐ **novel** [nɑ́vəl] 명 소설 　　————————•
- ☐ **opinion** [əpínjən] 명 의견, 견해 　　————————•
- ☐ **pattern** [pǽtərn] 명 패턴, 경향, 방식 　　————————•
- ☐ **plate** [pleit] 명 접시 　　————————•

Practice

interested

jog

link

melt

model

neat

novel

opinion

pattern

plate

Sentences

1. **interested**

   I am really **interested** in Korean history.

   나는 한국 역사에 관심이 정말 많다.
   · interesting 흥미 있는

2. **jog**

   Jogging is good for your health.

   조깅은 건강에 좋다.

3. **link**

   The new tunnel **links** Britain to France.

   그 새 터널은 영국과 프랑스를 연결한다.

4. **melt**

   The snow **melted** quickly under the sun.

   눈은 태양 아래에서 빨리 녹았다.

5. **model**

   He put the **model** airplanes together.

   그는 모델 비행기들을 조립했다.

6. **neat**

   Keep your room **neat** and tidy.

   너의 방을 깔끔하고 단정히 해라.
   · neatly 깨끗이

7. **novel**

   Did you read his new **novel**?

   너는 그의 새 소설을 읽었니?

8. **opinion**

   In my **opinion**, you are wrong.

   내 견해로는 네가 잘못이다.

9. **pattern**

   The zebra has striped **patterns** on the skin.

   얼룩말은 가죽에 줄무늬 패턴이 있다.

10. **plate**

    Mom brought out a **plate** of corns.

    엄마가 옥수수 접시를 내왔다.

Unit 33

Memory Box

모습, 모양, 꼭 닮음
요정
틀, 뼈대, 구조
차고
지키다, 경계하다
하지만, 그러나
맞다, 알맞은
영웅, 위인
가장자리, 모서리
특히, 특별히

Unit 34

Check-up

plate
melt
interested
neat
novel
opinion
pattern
jog
link
model

Date: /

Signature:

New words

☐ **possible** [pásəbəl] 형 가능한

☐ **prison** [prízn] 명 감옥, 교도소

☐ **receive** [risíːv] 동 받다, 맞이하다

☐ **rid** [rid] 동 제거하다

☐ **row** [rou] 명 열, 줄

☐ **sail** [seil] 동 항해하다 명 돛

☐ **seek** [siːk] 동 찾다, 추구하다

☐ **shake** [ʃeik] 동 흔들다

☐ **simple** [símpəl] 형 간단한, 단순한

☐ **smog** [smɑg] 명 스모그, 연무

Practice

possible

prison

receive

rid

row

sail

seek

shake

simple

smog

Sentences

1. possible

Is it **possible** to finish the work by tomorrow?
내일까지 그 일을 끝내는 것이 가능할까?   · impossible 불가능한

2. prison

They put the thief into the **prison**.
그들은 도둑을 감옥에 집어넣었다.

3. receive

I **received** a birthday present from her.
나는 그녀로부터 생일 선물을 받았다.

4. rid

He got **rid** of his old boots.
그는 낡은 부츠를 없앴다.   · get rid of …을 제거하다

5. row

I sat in the front **row** of the theater.
나는 극장 앞줄에 앉았다.

6. sail

We will go **sailing** this weekend.
우리는 이번 주말에 항해하러 갈 것이다.

7. seek

He always **seeks** for pleasure.
그는 항상 쾌락을 추구한다.   · seek for 찾다, 탐구하다

8. shake

He **shook** hands with the new teacher.
그는 새 선생님과 악수를 나누었다.   · shake-shook-shaken

9. simple

Flying a kite was so **simple**.
연을 날리는 것은 아주 간단했다.   · complex 복잡한

10. smog

Smoke and fog are mixed to cause **smog**.
연기와 안개가 합쳐져 스모그를 만든다.

Unit 34

Memory Box

의견, 견해
패턴, 경향, 방식
관심이 있는
조깅하다
깔끔한, 단정한
소설
접시
잇다, 관련짓다
녹다
모형, 모델, 모범

Unit 35

Check-up

shake
prison
simple
receive
smog
possible
rid
sail
row
seek

Date: /   Signature:

New words

- ☐ **speech** [spi:tʃ]　명 연설, 말
- ☐ **stream** [stri:m]　명 시내, 개울
- ☐ **sweep** [swi:p]　동 청소하다, 쓸다
- ☐ **tax** [tæks]　명 세금, 조세
- ☐ **tin** [tin]　명 양철 깡통, 주석
- ☐ **tray** [trei]　명 쟁반, 음식 접시
- ☐ **university** [jùːnəvə́ːrsəti]　명 대학(교)
- ☐ **vote** [vout]　명 동 투표(하다)
- ☐ **weigh** [wei]　동 무게를 달다
- ☐ **wrap** [ræp]　동 싸다, 감싸다

Practice

| speech |
| stream |
| sweep |
| tax |
| tin |
| tray |
| university |
| vote |
| weigh |
| wrap |

Sentences

1. **speech**

   The principal made a **speech** this morning.
   교장 선생님이 오늘 아침에 연설을 했다.

2. **stream**

   There is a **stream** behind the village.
   마을 뒤에 개울이 하나 있다.

3. **sweep**

   Sweep the yard with a broom.
   마당을 비로 쓸어라.

4. **tax**

   There is a heavy **tax** on alcohol.
   알코올에는 무거운 세금을 부과한다.

5. **tin**

   I opened a **tin** can of beans.
   나는 콩 통조림을 땄다.

6. **tray**

   She carried hamburgers on the **tray**.
   그녀는 쟁반으로 햄버거를 날랐다.

7. **university**

   He teaches history at a **university**.
   그는 대학교에서 역사를 가르친다.   · college 단과대학

8. **vote**

   Who did you **vote** for in the election?
   선거에서 누구에게 투표를 했니?   · voter 투표자

9. **weigh**

   The shop assistant **weighed** the tomatoes.
   가게 점원이 토마토의 무게를 달았다.   · weight 무게

10. **wrap**

    The baby is **wrapped** in a blanket.
    그 아기는 담요에 감싸여 있다.

Unit 35

Memory Box

찾다, 추구하다
가능한
열, 줄
흔들다
간단한, 단순한
받다, 맞이하다
제거하다
스모그, 연무
항해하다, 돛
감옥, 교도소

Unit 36

Check-up

tray
stream
tin
sweep
university
vote
weigh
tax
wrap
speech

···▶ Dictation Test 12를 위해 117페이지로 이동해 주세요.

Signature:　　Score:　　/ 50

A　Write down the meanings of the English words.

1. argue

2. wrap

3. cane

4. tray

5. court

6. stream

7. fairy

8. seek

9. image

10. plate

11. novel

12. link

13. receive

14. guard

15. simple

16. direct

17. tax

18. college

19. vote

20. beard

B　Write the English words for the Korean.

1. 충고, 조언

2. 무게를 달다

3. 지루한

4. 양철 깡통, 주석

5. 나침반

6. 연설, 말

7. 특히, 특별히

8. 항해하다, 돛

9. 영웅, 위인

10. 의견, 견해

11. 녹다

12. 관심이 있는

13. 가능한

14. 틀, 뼈대

15. 흔들다

16. 치료(하다)

17. 청소하다

18. 찰흙, 점토

19. 대학(교)

20. 제과점

C Choose the right words to fill in the blanks.

chief	challenge	desert	neat	row
already	model	edge	garage	prison

1. I've _____ read the novel.

2. Climbing Mt. Everest is a _____.

3. Rice is the _____ food of Koreans.

4. Few plants grow in the _____.

5. She sat on the _____ of the bed.

6. My father drove the car into the _____.

7. He put the _____ airplanes together.

8. Keep your room _____ and tidy.

9. They put the thief into the _____.

10. I sat in the front _____ of the theater.

WORD SCIENCE

Dictation Test & Online Test

Dictation Test 1

Signature:	Score:
	/ 30

◉ www.pagodabook.com에서 WORD SCIENCE 온라인 테스트를 클릭한 후 해당 Step의
Dictation Test를 선택해서 문제를 듣고 단어와 뜻을 적으세요.

1. _____ / _____

2. _____ / _____

3. _____ / _____

4. _____ / _____

5. _____ / _____

6. _____ / _____

7. _____ / _____

8. _____ / _____

9. _____ / _____

10. _____ / _____

11. _____ / _____

12. _____ / _____

13. _____ / _____

14. _____ / _____

15. _____ / _____

16. _____ / _____

17. _____ / _____

18. _____ / _____

19. _____ / _____

20. _____ / _____

21. _____ / _____

22. _____ / _____

23. _____ / _____

24. _____ / _____

25. _____ / _____

26. _____ / _____

27. _____ / _____

28. _____ / _____

29. _____ / _____

30. _____ / _____

Dictation Test 2

Signature:　　　　Score:

/ 30

● www.pagodabook.com에서 WORD SCIENCE 온라인 테스트를 클릭한 후 해당 Step의
Dictation Test를 선택해서 문제를 듣고 단어와 뜻을 적으세요.

1. ＿＿＿＿＿ / ＿＿＿＿＿

2. ＿＿＿＿＿ / ＿＿＿＿＿

3. ＿＿＿＿＿ / ＿＿＿＿＿

4. ＿＿＿＿＿ / ＿＿＿＿＿

5. ＿＿＿＿＿ / ＿＿＿＿＿

6. ＿＿＿＿＿ / ＿＿＿＿＿

7. ＿＿＿＿＿ / ＿＿＿＿＿

8. ＿＿＿＿＿ / ＿＿＿＿＿

9. ＿＿＿＿＿ / ＿＿＿＿＿

10. ＿＿＿＿＿ / ＿＿＿＿＿

11. ＿＿＿＿＿ / ＿＿＿＿＿

12. ＿＿＿＿＿ / ＿＿＿＿＿

13. ＿＿＿＿＿ / ＿＿＿＿＿

14. ＿＿＿＿＿ / ＿＿＿＿＿

15. ＿＿＿＿＿ / ＿＿＿＿＿

16. ＿＿＿＿＿ / ＿＿＿＿＿

17. ＿＿＿＿＿ / ＿＿＿＿＿

18. ＿＿＿＿＿ / ＿＿＿＿＿

19. ＿＿＿＿＿ / ＿＿＿＿＿

20. ＿＿＿＿＿ / ＿＿＿＿＿

21. ＿＿＿＿＿ / ＿＿＿＿＿

22. ＿＿＿＿＿ / ＿＿＿＿＿

23. ＿＿＿＿＿ / ＿＿＿＿＿

24. ＿＿＿＿＿ / ＿＿＿＿＿

25. ＿＿＿＿＿ / ＿＿＿＿＿

26. ＿＿＿＿＿ / ＿＿＿＿＿

27. ＿＿＿＿＿ / ＿＿＿＿＿

28. ＿＿＿＿＿ / ＿＿＿＿＿

29. ＿＿＿＿＿ / ＿＿＿＿＿

30. ＿＿＿＿＿ / ＿＿＿＿＿

🎧 Dictation Test 3

Signature:　　　　　Score:

/ 30

⦿ www.pagodabook.com에서 WORD SCIENCE 온라인 테스트를 클릭한 후 해당 Step의 Dictation Test를 선택해서 문제를 듣고 단어와 뜻을 적으세요.

1. _____ / _____

2. _____ / _____

3. _____ / _____

4. _____ / _____

5. _____ / _____

6. _____ / _____

7. _____ / _____

8. _____ / _____

9. _____ / _____

10. _____ / _____

11. _____ / _____

12. _____ / _____

13. _____ / _____

14. _____ / _____

15. _____ / _____

16. _____ / _____

17. _____ / _____

18. _____ / _____

19. _____ / _____

20. _____ / _____

21. _____ / _____

22. _____ / _____

23. _____ / _____

24. _____ / _____

25. _____ / _____

26. _____ / _____

27. _____ / _____

28. _____ / _____

29. _____ / _____

30. _____ / _____

Dictation Test 4

Signature:	Score:
	/ 30

● www.pagodabook.com에서 WORD SCIENCE 온라인 테스트를 클릭한 후 해당 Step의
Dictation Test를 선택해서 문제를 듣고 단어와 뜻을 적으세요.

1. _____ / _____

2. _____ / _____

3. _____ / _____

4. _____ / _____

5. _____ / _____

6. _____ / _____

7. _____ / _____

8. _____ / _____

9. _____ / _____

10. _____ / _____

11. _____ / _____

12. _____ / _____

13. _____ / _____

14. _____ / _____

15. _____ / _____

16. _____ / _____

17. _____ / _____

18. _____ / _____

19. _____ / _____

20. _____ / _____

21. _____ / _____

22. _____ / _____

23. _____ / _____

24. _____ / _____

25. _____ / _____

26. _____ / _____

27. _____ / _____

28. _____ / _____

29. _____ / _____

30. _____ / _____

Dictation Test 5

Signature:　　　　Score:

/ 30

● www.pagodabook.com에서 WORD SCIENCE 온라인 테스트를 클릭한 후 해당 Step의
Dictation Test를 선택해서 문제를 듣고 단어와 뜻을 적으세요.

1. _____ / _____

2. _____ / _____

3. _____ / _____

4. _____ / _____

5. _____ / _____

6. _____ / _____

7. _____ / _____

8. _____ / _____

9. _____ / _____

10. _____ / _____

11. _____ / _____

12. _____ / _____

13. _____ / _____

14. _____ / _____

15. _____ / _____

16. _____ / _____

17. _____ / _____

18. _____ / _____

19. _____ / _____

20. _____ / _____

21. _____ / _____

22. _____ / _____

23. _____ / _____

24. _____ / _____

25. _____ / _____

26. _____ / _____

27. _____ / _____

28. _____ / _____

29. _____ / _____

30. _____ / _____

Dictation Test 6

Signature:

Score:
/ 30

● www.pagodabook.com에서 WORD SCIENCE 온라인 테스트를 클릭한 후 해당 Step의
Dictation Test를 선택해서 문제를 듣고 단어와 뜻을 적으세요.

1. _____ / _____

2. _____ / _____

3. _____ / _____

4. _____ / _____

5. _____ / _____

6. _____ / _____

7. _____ / _____

8. _____ / _____

9. _____ / _____

10. _____ / _____

11. _____ / _____

12. _____ / _____

13. _____ / _____

14. _____ / _____

15. _____ / _____

16. _____ / _____

17. _____ / _____

18. _____ / _____

19. _____ / _____

20. _____ / _____

21. _____ / _____

22. _____ / _____

23. _____ / _____

24. _____ / _____

25. _____ / _____

26. _____ / _____

27. _____ / _____

28. _____ / _____

29. _____ / _____

30. _____ / _____

🎧 Dictation Test 7

Signature: Score: / 30

● www.pagodabook.com에서 WORD SCIENCE 온라인 테스트를 클릭한 후 해당 Step의
Dictation Test를 선택해서 문제를 듣고 단어와 뜻을 적으세요.

1. _____ / _____

2. _____ / _____

3. _____ / _____

4. _____ / _____

5. _____ / _____

6. _____ / _____

7. _____ / _____

8. _____ / _____

9. _____ / _____

10. _____ / _____

11. _____ / _____

12. _____ / _____

13. _____ / _____

14. _____ / _____

15. _____ / _____

16. _____ / _____

17. _____ / _____

18. _____ / _____

19. _____ / _____

20. _____ / _____

21. _____ / _____

22. _____ / _____

23. _____ / _____

24. _____ / _____

25. _____ / _____

26. _____ / _____

27. _____ / _____

28. _____ / _____

29. _____ / _____

30. _____ / _____

🎧 Dictation Test 8

Signature:	Score:
	/ 30

● www.pagodabook.com에서 WORD SCIENCE 온라인 테스트를 클릭한 후 해당 Step의 Dictation Test를 선택해서 문제를 듣고 단어와 뜻을 적으세요.

1. _____ / _____

2. _____ / _____

3. _____ / _____

4. _____ / _____

5. _____ / _____

6. _____ / _____

7. _____ / _____

8. _____ / _____

9. _____ / _____

10. _____ / _____

11. _____ / _____

12. _____ / _____

13. _____ / _____

14. _____ / _____

15. _____ / _____

16. _____ / _____

17. _____ / _____

18. _____ / _____

19. _____ / _____

20. _____ / _____

21. _____ / _____

22. _____ / _____

23. _____ / _____

24. _____ / _____

25. _____ / _____

26. _____ / _____

27. _____ / _____

28. _____ / _____

29. _____ / _____

30. _____ / _____

Dictation Test 9

Signature:

Score:

/ 30

● www.pagodabook.com에서 WORD SCIENCE 온라인 테스트를 클릭한 후 해당 Step의
Dictation Test를 선택해서 문제를 듣고 단어와 뜻을 적으세요.

1. _____ / _____

2. _____ / _____

3. _____ / _____

4. _____ / _____

5. _____ / _____

6. _____ / _____

7. _____ / _____

8. _____ / _____

9. _____ / _____

10. _____ / _____

11. _____ / _____

12. _____ / _____

13. _____ / _____

14. _____ / _____

15. _____ / _____

16. _____ / _____

17. _____ / _____

18. _____ / _____

19. _____ / _____

20. _____ / _____

21. _____ / _____

22. _____ / _____

23. _____ / _____

24. _____ / _____

25. _____ / _____

26. _____ / _____

27. _____ / _____

28. _____ / _____

29. _____ / _____

30. _____ / _____

Dictation Test 10

Signature:　　　　Score:

/ 30

● www.pagodabook.com에서 WORD SCIENCE 온라인 테스트를 클릭한 후 해당 Step의
Dictation Test를 선택해서 문제를 듣고 단어와 뜻을 적으세요.

1. _____ / _____

2. _____ / _____

3. _____ / _____

4. _____ / _____

5. _____ / _____

6. _____ / _____

7. _____ / _____

8. _____ / _____

9. _____ / _____

10. _____ / _____

11. _____ / _____

12. _____ / _____

13. _____ / _____

14. _____ / _____

15. _____ / _____

16. _____ / _____

17. _____ / _____

18. _____ / _____

19. _____ / _____

20. _____ / _____

21. _____ / _____

22. _____ / _____

23. _____ / _____

24. _____ / _____

25. _____ / _____

26. _____ / _____

27. _____ / _____

28. _____ / _____

29. _____ / _____

30. _____ / _____

🎧 Dictation Test 11

Signature:　　　　Score:
/ 30

● www.pagodabook.com에서 WORD SCIENCE 온라인 테스트를 클릭한 후 해당 Step의
Dictation Test를 선택해서 문제를 듣고 단어와 뜻을 적으세요.

1. _____ / _____

2. _____ / _____

3. _____ / _____

4. _____ / _____

5. _____ / _____

6. _____ / _____

7. _____ / _____

8. _____ / _____

9. _____ / _____

10. _____ / _____

11. _____ / _____

12. _____ / _____

13. _____ / _____

14. _____ / _____

15. _____ / _____

16. _____ / _____

17. _____ / _____

18. _____ / _____

19. _____ / _____

20. _____ / _____

21. _____ / _____

22. _____ / _____

23. _____ / _____

24. _____ / _____

25. _____ / _____

26. _____ / _____

27. _____ / _____

28. _____ / _____

29. _____ / _____

30. _____ / _____

Dictation Test 12

Signature:　　　　Score:

/ 30

● www.pagodabook.com에서 WORD SCIENCE 온라인 테스트를 클릭한 후 해당 Step의
Dictation Test를 선택해서 문제를 듣고 단어와 뜻을 적으세요.

1. _____ / _____

2. _____ / _____

3. _____ / _____

4. _____ / _____

5. _____ / _____

6. _____ / _____

7. _____ / _____

8. _____ / _____

9. _____ / _____

10. _____ / _____

11. _____ / _____

12. _____ / _____

13. _____ / _____

14. _____ / _____

15. _____ / _____

16. _____ / _____

17. _____ / _____

18. _____ / _____

19. _____ / _____

20. _____ / _____

21. _____ / _____

22. _____ / _____

23. _____ / _____

24. _____ / _____

25. _____ / _____

26. _____ / _____

27. _____ / _____

28. _____ / _____

29. _____ / _____

30. _____ / _____

Online Test 1

Signature:

Score:

/ 100

- www.pagodabook.com에서 WORD SCIENCE 온라인 테스트를 클릭한 후 해당 Step의 Online Test를 선택하세요.

· Test 채점표를 아래 박스 위에 붙이세요.

WORD SCIENCE STEP 1
On-line Test 1

Online Test 2

Signature:	Score:
	/ 100

● www.pagodabook.com에서 WORD SCIENCE 온라인 테스트를 클릭한 후 해당 Step의
  Online Test를 선택하세요.

· Test 채점표를 아래 박스 위에 붙이세요.

Online Test 3

Signature:	Score:
	/ 100

● www.pagodabook.com에서 WORD SCIENCE 온라인 테스트를 클릭한 후 해당 Step의 Online Test를 선택하세요.

· Test 채점표를 아래 박스 위에 붙이세요.

WORD SCIENCE STEP 1
On-line Test 3

WORD SCIENCE

정답

정답 Part test ▶▶▶ ▶▶▶

Part Test 1 | Unit 01~Unit 06

Ⓐ
1. ambulance 구급차
2. wipe 닦다, 훔치다
3. buzz (윙윙) 울리는 소리
4. tomb 무덤, 묘
5. crab 게
6. spider 거미
7. excited 흥분한
8. rub 비비다, 문지르다
9. hug 포옹, 꼭 껴안다
10. period 기간, 시대
11. monster 괴물
12. litter 쓰레기
13. pour 쏟다, 따르다
14. fume 노발대발하다, 증기
15. since (~한) 이래로
16. discuss 토론하다, 의논하다
17. symbol 상징, 기호
18. connect 잇다, 연결하다
19. valley 계곡, 골짜기
20. blind 눈 먼

Ⓑ
1. 외국으로 abroad
2. 지갑 wallet
3. 바닥, 밑바닥 bottom
4. 눈물 tear
5. 판권, 저작권 copyright
6. 매끄러운 smooth
7. 전기 electricity
8. 15분, 4분의 1 quarter
9. 고향, 출생지 hometown
10. 싸다, 꾸리다 pack
11. 기억(력) memory
12. 포함하다 include
13. 기쁨, 즐거움 pleasure
14. 편평한 flat
15. 판매 sale
16. 목적, 목적지 destination
17. 스트레스, 압박 stress
18. 굴뚝 chimney
19. 보물 treasure
20. 아름다움, 미 beauty

Ⓒ
1. arrow
2. cash
3. clown
4. curly
5. fans
6. general
7. interview
8. nuts
9. recycle
10. sharp

Part Test 2 | Unit 07~Unit 12

Ⓐ
1. appearance 외관, 출현
2. without …없이
3. cave 굴, 동굴
4. traffic 교통
5. couple 한 쌍, 둘
6. steak 스테이크
7. first 첫 번째의, 최초의
8. rope 밧줄, 로프
9. honey 꿀, 벌꿀
10. planet 행성
11. most 대부분의
12. magic 마법, 마술
13. raw 생 것의, 날것의
14. gain 얻다, 늘리다
15. sentence 문장
16. difference 차이, 다름
17. tale 이야기
18. coast 해안, 연안
19. vitamin 비타민
20. bone 뼈, 뼈다귀

Ⓑ
1. 추가하다 add
2. 결혼, 혼례 wedding
3. 벌레 bug
4. 극장 theater
5. 계속하다 continue
6. 종류 sort
7. 염색하다 dye
8. 응답하다 respond
9. 거위 goose
10. 과거 past
11. 마음, 정신 mind
12. 대신에 instead
13. 오염 pollution
14. 숲, 산림 forest
15. 해변, 바닷가 seashore
16. 위험한 dangerous
17. 어울리다 suit
18. 성격, 특성 character
19. 바지 trousers
20. 최고의 best

Ⓒ
1. alike
2. attention
3. cigarette
4. crown
5. factory
6. helmet
7. lenses
8. nonstop
9. price
10. shy

Part Test 3 — Unit 13~Unit 18

Ⓐ
1. anxious 걱정스러운
2. wire 철사, 전선
3. castle 성, 성곽
4. tool 도구, 연장
5. cost 비용이 들다
6. spin 실을 내다, 잣다
7. express 표현하다, 나타내다
8. role 역할, 배역
9. hang 걸다, 매달다
10. pain 고통, 아픔
11. mess 혼란, 어수선함
12. ladder 사다리
13. quite 아주, 완전히
14. function 기능, 작용
15. sink 가라앉다
16. discussion 토론
17. system 시스템, 체제
18. coach 코치, 지도자
19. value 가치, 가격
20. beg 빌다, 간청하다

Ⓑ
1. 동의하다 agree
2. 파도, 물결 wave
3. 금발의 blond
4. 십대, 틴에이저 teenager
5. 코미디, 희극 comedy
6. 흙, 토양 soil
7. 배수, 배수관 drain
8. 빌리다 rent
9. 유령 ghost
10. 대양, 바다 ocean
11. 외로운 lonely
12. 발명하다 invent
13. 가루, 분말 powder
14. 잘못, 과실 fault
15. 짠 salty
16. 상세, 세부 detail
17. 채우다 stuff
18. 기회, 가망 chance
19. 다루다 treat
20. 싸게 산 물건 bargain

Ⓒ
1. accident
2. brain
3. contain
4. curve
5. flour
6. homework
7. information
8. mood
9. rubber
10. senior

Part Test 4 — Unit 19~Unit 24

Ⓐ
1. allow 허락하다
2. wonder 의아하게 여기다
3. campaign 캠페인, 선거 운동
4. trash 쓰레기
5. culture 문화, 교양
6. straw 짚, 밀짚
7. fail 실패하다, 떨어지다
8. safety 안전, 무사
9. idiom 숙어, 관용구
10. pat 가볍게 두드리다
11. manage 다루다, 관리하다
12. jewel 보석
13. reason 이유, 까닭
14. herb 약용 식물, 풀잎
15. sleepy 졸린
16. double 두 배의, 두 겹의
17. tap 가볍게 두드리다
18. clap (손뼉을) 치다
19. voice 목소리, 음성
20. bit 소량, 조금

Ⓑ
1. 성인, 어른 adult
2. 잡초 weed
3. 탄알 bullet
4. 도둑, 절도범 thief
5. 모으다 collect
6. 특별한 special
7. 달아나다 escape
8. 대답, 응답 response
9. 테, 후프 hoop
10. 근육, 힘줄 muscle
11. 수준, 표준 level
12. 흥미, 관심 interest
13. 자랑, 자만심 pride
14. 주먹 fist
15. 침묵을 지키는 silent
16. 결정하다 decide
17. 놀람 surprise
18. 씹다 chew
19. 결합, 단결 union
20. 박테리아 bacteria

Ⓒ
1. area
2. border
3. company
4. control
5. eager
6. forward
7. mission
8. operate
9. popular
10. rough

Part Test 5

A
1. apart 떨어져서
2. within …안에, …이내에
3. cause 원인
4. trade 거래하다, 무역
5. custom 풍습, 관습
6. stadium 스타디움
7. envy 부러워하다
8. root 뿌리
9. human 인간의, 사람의
10. part 일부, 부분
11. noisy 시끄러운
12. iron 철, 철제
13. present 출석한
14. healthy 건강한
15. shine 빛나다
16. divide 나누다
17. tailor 재봉사, 재단사
18. coal 석탄
19. vet 수의사
20. bend 굽히다, 구부리다

B
1. 활동 activity
2. 날씨, 기후 weather
3. 끓다, 끓이다 boil
4. 교과서 textbook
5. 침상, 소파 couch
6. 풀다 solve
7. 의무 duty
8. 요구하다 require
9. 정직한 honest
10. 장교, 공무원 officer
11. 한밤중 midnight
12. 곤충 insect
13. 시, 운문 poem
14. 축제, 잔치 festival
15. 감각, 직감 sense
16. 이슬 dew
17. 성공 success
18. 선택 choice
19. 고생, 근심 trouble
20. 공격하다 attack

C
1. alarm
2. calm
3. common
4. crop
5. extra
6. goal
7. least
8. more
9. rate
10. rude

Part Test 6

A
1. argue 논하다, 논쟁하다
2. wrap 싸다, 감싸다
3. cane 지팡이
4. tray 쟁반, 음식 접시
5. court 코트, 안뜰, 법정
6. stream 시내, 개울
7. fairy 요정
8. seek 찾다, 추구하다
9. image 모습, 모양, 꼭 닮음
10. plate 접시
11. novel 소설
12. link 잇다, 관련 짓다
13. receive 받다, 맞이하다
14. guard 지키다, 경계하다
15. simple 간단한, 단순한
16. direct 길을 가리키다
17. tax 세금, 조세
18. college 단과대학
19. vote 투표(하다)
20. beard (턱)수염

B
1. 충고, 조언 advice
2. 무게를 달다 weigh
3. 지루한 bored
4. 양철 깡통, 주석 tin
5. 나침반 compass
6. 연설, 말 speech
7. 특히, 특별히 especially
8. 항해하다, 돛 sail
9. 영웅, 위인 hero
10. 의견, 견해 opinion
11. 녹다 melt
12. 관심이 있는 interested
13. 가능한 possible
14. 틀, 뼈대 frame
15. 흔들다 shake
16. 치료(하다) cure
17. 청소하다 sweep
18. 찰흙, 점토 clay
19. 대학(교) university
20. 제과점 bakery

C
1. already
2. challenge
3. chief
4. desert
5. edge
6. garage
7. model
8. neat
9. prison
10. row

Dictation 1

1. bottom / 바닥, 밑바닥
2. abroad / 외국으로
3. excited / 흥분한
4. buzz / (윙윙) 울리는 소리
5. cash / 현금, 현찰
6. aerobics / 에어로빅스
7. champion / 챔피언
8. discuss / 토론하다, 의논하다
9. copyright / 판권, 저작권
10. download / 다운로드하다
11. crab / 게
12. electricity / 전기
13. fan / 팬
14. chimney / 굴뚝
15. blind / 눈 먼
16. hug / 포옹, 꼭 껴안다
17. flat / 편평한, 평탄한
18. connect / 잇다, 연결하다
19. destination / 목적, 목적지
20. clown / 어릿광대
21. fume / 노발대발하다, 증기
22. general / 일반, 일반의
23. colored / 채색된, …색의
24. handkerchief / 손수건
25. ambulance / 구급차
26. curly / 곱슬머리의
27. arrow / 화살
28. bar / 술집, 바, 막대기
29. hometown / 고향, 출생지
30. beauty / 아름다움, 미

Dictation 2

1. smooth / 매끄러운
2. include / 포함하다
3. spider / 거미
4. interview / 인터뷰, 면접
5. stress / 스트레스, 압박
6. knowledge / 지식
7. symbol / 상징, 기호
8. litter / 쓰레기
9. memory / 기억(력)
10. pleasure / 기쁨, 즐거움
11. monster / 괴물
12. pour / 쏟다, 따르다
13. needle / 바늘
14. tear / 눈물
15. nut / 견과
16. wallet / 지갑
17. tomb / 무덤, 묘
18. wipe / 닦다, 훔치다
19. pack / 싸다, 꾸리다
20. quarter / 15분, 4분의 1
21. since / …이래로
22. recycle / 재활용하다
23. period / 기간, 시대
24. rub / 비비다, 문지르다
25. sharp / 날카로운
26. treasure / 보물
27. seminar / 세미나
28. valley / 계곡, 골짜기
29. rinse / 헹구다, 씻어내다
30. sale / 판매

Dictation 3

1. first / 첫 번째의, 최초의
2. appearance / 외관, 출현
3. goose / 거위
4. attention / 주의, 돌봄
5. bathtub / 욕조
6. forest / 숲, 산림
7. best / 최고의, 최상의
8. camp / 캠프하다
9. bug / 벌레
10. cave / 굴, 동굴
11. alike / 똑같은
12. character / 성격, 특성
13. add / 더하다, 추가하다
14. cigarette / 궐련
15. bone / 뼈, 뼈다귀
16. coast / 해안, 연안
17. honey / 꿀, 벌꿀
18. ice / 얼음
19. community / 지역 사회
20. dangerous / 위험한
21. continue / 계속하다
22. difference / 차이, 다름
23. couple / 한 쌍, 둘
24. documentary / 다큐멘터리
25. crown / 왕관
26. dye / 염색하다
27. escalator / 에스컬레이터
28. factory / 공장
29. gain / 얻다, 늘리다
30. helmet / 헬멧

Dictation 4

1. most / 대부분의
2. nonstop / 직행의
3. oneself / 자기 자신
4. seashore / 해변, 바닷가
5. rush / 돌진하다
6. sentence / 문장
7. past / 과거
8. item / 품목, 조항
9. planet / 행성
10. raw / 생 것의, 날것의
11. pollution / 오염
12. respond / 응답하다, 반응하다
13. lens / 렌즈
14. magic / 마법, 마술
15. instead / 대신에
16. mind / 마음, 정신
17. price / 가격
18. suit / 어울리다, 한 벌
19. rope / 밧줄, 로프
20. traffic / 교통
21. skip / 가볍게 뛰다
22. tale / 이야기
23. shy / 수줍어하는
24. theater / 극장
25. sort / 종류
26. trousers / 바지
27. vitamin / 비타민
28. wedding / 결혼, 혼례
29. steak / 스테이크
30. without / …없이

Dictation 5

1. homework / 숙제
2. ash / 재, 화산재
3. bargain / (싸게 산) 물건, 매매
4. flour / 밀가루, 분말
5. beg / 빌다, 간청하다
6. function / 기능, 작용
7. blond / 금발의
8. cabbage / 양배추, 캐비지
9. brain / 뇌, 두뇌
10. castle / 성, 성곽

11. accident / 사고, 재난
12. coach / 코치, 지도자
13. agree / 동의하다
14. comedy / 코미디, 희극
15. hum / 콧노래를 부르다
16. anxious / 걱정스러운
17. contain / 포함하다
18. detail / 상세, 세부
19. curve / 커브, 곡선
20. discussion / 토론

21. cost / 비용이 들다
22. drain / 배수, 배수관
23. environment / 환경
24. chance / 기회, 가망
25. express / 표현하다, 나타내다
26. fault / 잘못, 과실
27. ghost / 유령
28. crocodile / 악어
29. hang / 걸다, 매달다
30. chip / 토막, 얇은 조각

Dictation 6

1. soil / 흙, 토양
2. information / 정보
3. ladder / 사다리
4. spin / 실을 내다, 잣다
5. invent / 발명하다
6. ocean / 대양, 바다
7. pain / 고통, 아픔
8. mood / 기분, 분위기
9. photograph / 사진
10. lonely / 외로운, 고독한

11. mess / 혼란, 어수선함
12. nod / 끄덕임, 끄덕이다
13. stuff / 채우다, 메우다
14. quite / 아주, 완전히
15. rent / 빌리다, 임대하다
16. plum / 플럼, 서양자두
17. role / 역할, 배역
18. powder / 가루, 분말
19. rubber / 고무, 고무줄
20. salty / 짠, 소금기가 있는

21. teenager / 십대, 틴에이저
22. senior / 연상의, 선배의
23. tool / 도구, 연장
24. shell / 껍질, 등딱지
25. system / 시스템, 체제
26. treat / 다루다, 대우하다
27. value / 가치, 가격
28. wave / 파도, 물결
29. sink / 가라앉다
30. wire / 철사, 전선

Dictation 7

1. control / 통제하다, 억제하다
2. bacteria / 박테리아, 세균
3. greenhouse / 온실
4. herb / 약용 식물, 풀잎
5. coupon / 쿠폰, 우대권
6. idiom / 숙어, 관용구
7. battery / 배터리, 전지
8. hoop / 테, 후프
9. bit / 소량, 조금
10. campaign / 캠페인, 선거 운동

11. border / 국경, 경계
12. company / 회사, 교제
13. escape / 달아나다
14. fail / 실패하다, 떨어지다
15. culture / 문화, 교양
16. decide / 결정하다, 결심하다
17. adult / 성인, 어른
18. chew / 씹다
19. fist / 주먹
20. clap / (손뼉을) 치다

21. area / 구역, 지역
22. dig / 파다
23. bullet / 탄알
24. collect / 모으다
25. double / 두 배의, 두 겹의
26. eager / 간절히 바라는
27. forward / 앞으로
28. gallery / 화랑, 미술관
29. allow / 허락하다
30. cell / 독방, 세포

Dictation 8

1. serve / (음식을) 차려내다, 봉사하다
2. muscle / 근육, 힘줄
3. second / 둘째의, 제2의
4. noodle / 국수
5. operate / 작동하다, 움직이다
6. pat / 가볍게 두드리다
7. silent / 침묵을 지키는
8. plastic / 플라스틱(의)
9. reason / 이유, 까닭
10. sleepy / 졸린

11. interest / 흥미, 관심
12. surprise / 놀람, 놀라게 하다
13. jewel / 보석
14. weed / 잡초
15. level / 수준, 표준
16. thief / 도둑, 절도범
17. wonder / 의아하게 여기다
18. trash / 쓰레기
19. manage / 다루다, 관리하다
20. special / 특별한

21. mission / 임무, 특명
22. popular / 인기 있는, 대중적인
23. response / 대답, 응답
24. straw / 짚, 밀짚
25. rough / 거친, 험악한
26. safety / 안전, 무사
27. tap / 가볍게 두드리다
28. union / 결합, 단결
29. voice / 목소리, 음성
30. pride / 자랑, 자만심

정답 Dictation

Dictation 9

Unit 25~Unit 27

1. bend / 굽히다, 구부리다
2. calm / 고요한, 잔잔한
3. fold / 접다
4. cause / 원인
5. fuse / 퓨즈, 도화선
6. channel / 채널
7. apart / 떨어져서
8. coal / 석탄
9. attack / 공격하다
10. choice / 선택

11. bark / (개가) 짖다
12. contest / 경쟁, 콘테스트
13. activity / 활동
14. common / 평범한, 보통의
15. honest / 정직한
16. alarm / 놀람, 경보
17. crop / 수확, 농작물
18. human / 인간의, 사람의
19. custom / 풍습, 관습
20. dew / 이슬

21. boil / 끓다, 끓이다
22. couch / 침상, 소파
23. broadcast / 방송하다
24. duty / 의무
25. envy / 부러워하다
26. divide / 나누다
27. extra / 여분의, 임시의
28. festival / 축제, 잔치
29. goal / 골, 목적
30. healthy / 건강한

Dictation 10

Unit 28~Unit 30

1. more / 더 많은
2. noisy / 시끄러운
3. stadium / 스타디움
4. officer / 장교, 공무원
5. part / 일부, 부분
6. textbook / 교과서
7. vet / 수의사
8. success / 성공
9. weather / 날씨, 기후
10. trade / 거래하다, 무역

11. within / …안에, …이내에
12. pill / 알약
13. trouble / 고생, 근심
14. poem / 시, 운문
15. rate / 비율, 요금
16. present / 출석한
17. require / 요구하다
18. scene / 장면, 현장
19. root / 뿌리
20. sense / 감각, 직감

21. insect / 곤충
22. rude / 버릇없는, 무례한
23. iron / 철, 철제
24. least / 최소, 최저
25. magazine / 잡지
26. shine / 빛나다
27. midnight / 한밤중, 자정
28. skin / 피부, 가죽
29. tailor / 재봉사, 재단사
30. solve / 풀다, 해결하다

Dictation 11

Unit 31~Unit 33

1. advice / 충고, 조언
2. bakery / 제과점
3. however / 하지만, 그러나
4. image / 모습, 모양, 꼭 닮음
5. beard / (턱)수염
6. fit / 맞다, 알맞은
7. garage / 차고
8. bite / 물린 상처, 묾, 물다
9. frame / 틀, 뼈대, 구조
10. bored / 지루한, 싫증나는

11. cane / 지팡이
12. butterfly / 나비
13. college / 단과대학
14. already / 이미, 벌써
15. compass / 나침반, 컴퍼스
16. argue / 논하다, 논쟁하다
17. conversation / 대화, 회화
18. desert / 사막
19. clay / 찰흙, 점토
20. direct / 길을 가리키다

21. court / 코트, 안뜰, 법정
22. especially / 특히, 특별히
23. fairy / 요정
24. guard / 지키다, 경계하다
25. challenge / 도전
26. hero / 영웅, 위인
27. cure / 치료(하다)
28. dove / 비둘기
29. edge / 가장자리, 모서리
30. chief / 주요한

Dictation 12

Unit 34~Unit 36

1. model / 모형, 모델, 모범
2. neat / 깔끔한, 단정한
3. opinion / 의견, 견해
4. pattern / 패턴, 경향, 방식
5. novel / 소설
6. plate / 접시
7. interested / 관심이 있는
8. jog / 조깅하다
9. link / 잇다, 관련 짓다
10. sweep / 청소하다, 쓸다

11. tray / 쟁반, 음식 접시
12. university / 대학(교)
13. vote / 투표(하다)
14. weigh / 무게를 달다
15. speech / 연설, 말
16. melt / 녹다
17. possible / 가능한
18. row / 열, 줄
19. sail / 항해하다, 돛
20. wrap / 싸다, 감싸다

21. seek / 찾다, 추구하다
22. prison / 감옥, 교도소
23. receive / 받다, 맞이하다
24. shake / 흔들다
25. rid / 제거하다
26. simple / 간단한, 단순한
27. tax / 세금, 조세
28. smog / 스모그, 연무
29. tin / 양철 깡통, 주석
30. stream / 시내, 개울